国家林业局林业基金管理总站　编著

林业资金稽查监管报告 2014

LINYE ZIJIN JICHA JIANGUAN BAOGAO

中国林业出版社

图书在版编目(CIP)数据

林业资金稽查监管报告. 2014 / 国家林业局林业基金管理总站编著. -- 北京 : 中国林业出版社, 2015.10
ISBN 978-7-5038-8237-1

Ⅰ. ①林… Ⅱ. ①国… Ⅲ. ①林业经济－资金管理－监管制度－研究报告－中国－2014 Ⅳ. ①F326.2

中国版本图书馆CIP数据核字(2015)第259503号

中国林业出版社·生态保护出版中心
策划编辑：刘家玲
责任编辑：肖　静　刘家玲

出　版　中国林业出版社（100009 北京西城区德内大街刘海胡同 7 号）
网　址　http://lycb.forestry.gov.cn
电　话　(010) 83143577　83143519
发　行　中国林业出版社
印　刷　北京中科印刷有限公司
版　次　2015 年 10 月第 1 版
印　次　2015 年 10 月第 1 次
开　本　889mm × 1194mm　1/16
印　张　12
字　数　240 千字
定　价　86.00 元

FOREWORD 前言

当前，我国林业建设正处于战略机遇期和黄金发展期，国家对林业投入不断增加，2014 年中央对林业投入达 1517 亿元，“十二五”期间累计投入达 5605 亿元，比“十一五”增长 57%。面对新形势，如何管好用好林业建设资金，确保林业重点工程项目的顺利实施和各项林业政策的落实，是当前林业资金稽查工作所面临的一项重要课题。

2014 年，国家林业局林业基金管理总站（审计稽查办公室）将资金稽查工作置于新常态下林业发展的战略布局中统筹谋划，严格按照国家林业局党组要求，紧密结合林业重点工作，围绕中心，服务大局，转变作风，不断分析新情况、研究新问题、提出新措施、谋求新发展；坚持“一查、二帮、三促进”原则，以查促管，并在“帮”、“促”上下工夫；创新稽查理念，积极指导地方开展资金自查工作，不断扩大稽查面，提高监管效能；加强反馈、注重整改，使林业资金稽查工作既有全覆盖稽查、又有重点稽查，形成了上下联动、齐抓共管的全新局面，充分发挥了林业行业稽查队伍的整体作用，最大限度地提高了林业资金稽查效能。

为提供经验、加强交流，我们组织编写了《林业资金稽查监管报告（2014）》，客观、集中地展示了林业资金稽查监管工作的总体情况。一年来，各级林业主管部门在林业资金稽查监管工作中，不断加强组织领导和机构建设，积极整合资金稽查力量，不断加大稽查力度，及时掌握了各工程项目进展和资金使用管理情况；及时发现工程项目建设中存在的违法违规问题和重大风险隐患，加强督促整改，努力将问题消灭在萌芽状态，将资金运行的不安全因素降到最低，以保障林业建设的健康发展。

我们也希望《林业资金稽查监管报告（2014）》能为林业资金稽查工作的有效开展提供借鉴。在林业建设新常态下，资金稽查工作是全面推进林业治理体系和治理能力现代化的重要内容，我们必须要以认真负责的精神做好资金稽查工作，规范项目建设和资金管理，以保障权力行使安全、项目建设安全、资金使用安全和干部成长安全；切实加强和改进工作方式方法，不断调整稽查工作思路，强化问责，建立上下联动、形成合力的稽查机制；不断推动全行业资金管理水平的提高，彻底解决当前资金管理使用中存在的突出问题，消除隐患，坚决遏制和有效预防各种违法违规问题的发生，为林业事业健康发展保驾护航。

资金稽查工作人员要当好林业重大政策落实的“督查员”，念好权力运行的“紧箍咒”，既不让有限的林业资金“趴在账上睡觉”，更不允许林业资金“跑冒滴漏”和被“鲸吞蚕食”，必须保证林业建设资金都用在刀刃上，尽最大努力保证国家林业投入政策目标的实现。

编辑委员会

2015年4月

CONTENTS
目录

第一篇
林业资金稽查监管综合报告

DIYIPIAN

LINYE ZIJIN JICHA JIANGUAN ZONGHE BAOGAO

稽查监管职责履行

2014年，各级林业稽查主管部门充分发挥资金稽查的职能作用，积极开展本职工作，强化制度建设，注重人员培训，探索资金稽查信息化平台建设。各部门相互配合，形成了稽查工作联动机制，确保林业资金安全有效运行，对提高全行业资金管理水平发挥了积极作用。

一、制度建设

2014年，国家林业局林业基金管理总站（以下简称基金总站）正式颁布实施了《林业资金稽查监管年度报告制度（试行）》，要求各级林业主管部门提交年度资金稽查工作报告，总结工作经验，彰显工作成效。

各省、自治区、直辖市林业厅（局），内蒙古、黑龙江、大兴安岭森林工业（林业）集团公司，新疆生产建设兵团林业局（以下简称省级林业主管部门）所属履行林业重点工程及有关专项资金使用管理稽查监管职责的机构不断完善制度，2014年共制定、完善林业资金稽查监管规定、办法、制度49项，其中：资金管理类38项，资金稽查类11项。

专栏1　制度建设特点

1. 完善为主，制定为辅

例如：安徽省林业重点工程稽查办公室完善了林业贷款项目档案管理制度，规范了林业贷款项目实施检查验收制度；广东省林业厅会同省财政厅联合制定、修订了《广东省省级森林碳汇重点生态工程建设专项资金管理办法》等20项林业专项资金管理办法。

2. 分类归纳，统一标准

例如：吉林省林业重点工程资金管理中心编制了《林业资金违法违规问题分类规范》，对稽查的问题做出了进一步统一和规范。

3. 规范纪律，拒腐防变

例如：宁夏回族自治区生态林业基金管理站制定了《自治区生态林业基金站稽查纪律》"六不准"；广东省林业厅林业工程资金稽查办公室制定了《广东省林业局林业工程人员稽查工作守则》。

二、重点稽查及专项检查

2014年，基金总站共派出14个稽查工作组60人次，赴14个省（自治区、直辖市、单位，以下简称"省区"）组织开展了天然林资源保护工程二期投资、中央财政森林抚育补贴和湿地保护工程投资等3项资金的稽查工作，稽查资金总额437.66亿元，重点抽查资金38.80亿元，查出违法违规资金0.23亿元。其中：天然林资源保护工程二期投资稽查，共派出8个工作组38人次，赴黑龙江、吉林、河南、云南、贵州、四川、重庆和陕西8个省区，就其2011－2013年度天然林资源保护工程二期中央预算内投资进行重点稽查，稽查资金总额为378.11亿元。各稽查工作组共抽查30个工程实施单位，抽查资金30.29亿元，占8省区资金总额的8.01%；

查出违法违规资金1524.32万元，占抽查资金的0.5%。森林抚育补贴资金稽查，主要针对纳入天然林资源保护工程范围的补贴资金开展稽查，并与天然林资源保护工程二期投资稽查结合进行。涉及8省区2011－2013年森林抚育补贴资金48.68亿元，抽查资金5.08亿元，查出违法违规资金594.4万元，占抽查资金的1.17%。湿地保护工程投资稽查，选取了14个省区作为重点稽查对象，就其2011－2013年度湿地保护工程中央预算内基本建设投资和中央财政湿地保护补贴资金进行重点稽查。14个重点稽查省区中，包括天然林资源保护工程二期投资重点稽查选取的8个省区；另派出6个稽查工作组22人次，对辽宁、河北、江苏、安徽、湖南和西藏6省区展开稽查，共涉及项目资金总额10.87亿元。各稽查工作组共抽查45个湿地保护工程项目，项目资金3.43亿元，占14个省区项目资金总额的31.55%；查出违法违规资金169.91万元，占抽查资金的0.5%。

2014年，根据各地上报数据统计，有13家省级稽查主管部门共派出226个工作组1083人次，对本辖区湿地保护工程资金、天然林资源保护工程资金、生态效益补偿基金以及森林防火、林业贴息贷款、涉林扶农强农惠民资金进行了稽查，累计稽查天数1540

专栏2 典型案例

案例一

某有限公司申报2011－2013年3年期贴息贷款500万元，实际上该公司2011年、2013年贷款实为500万元，而2012年实际贷款为300万元，虚报贴息贷款200万元，虚报贴息补贴6万元。某有限公司2013年申报贴息贷款1000万元，而实际贷款仅有588万元，虚报贷款412万元，虚报贴息补贴12.36万元。某有限公司申报2013年贴息贷款600万元，用于柳杉及红椿原料林基地建设，实际贷款用于原材料收购，违规申报贴息补贴 18 万元。

对于检查中发现的虚报冒领、用途不符等问题，依据有关规定进行了严肃处理：一是全额停拨违规企业贴息补贴。对以上 3 家企业 2013 年度的林业贴息补贴资金全额停拨。二是取消违规企业申报贴息补贴资格。对以上 3 家企业近 2 年内不予申报贷款贴息项目。三是强化问题整改。责成有关市（州），对审计、检查中发现的问题一查到底，严肃追究有关人员责任，举一反三地整改工作中存在的问题，加强对有关人员的教育，认真吸取教训，把此次审计检查作为今后加强管理工作的新起点，坚决杜绝此类现象再度发生。

案例二

某县编制的 2012 年省级返还植被恢复费项目，虚构林下种植中药材牛膝子 50 万元，实际用于解决电站征占用林地应付农民林地补偿费缺口。某市将 2012 – 2013 年集体公益林生态效益补偿资金 530 万元全部拨付到乡（镇），未兑现到农户，乡（镇）将其用于管护人员的工资、巡山人员误工补助、防火人员培训补助、林区道路维修等。对于检查发现的以上问题已按相关管理规定，全部进行了整改，其中：对于植被恢复费项目存在的问题，按规定已归还原资金渠道；生态效益补偿资金也按规定全部兑付农户。

案例三

某县公益林建设资金超范围开支修理费 33200 元、差旅费 2811 元、小车修理费 1410 元、第二次全国土地调查（简称“二调”）补助 1470 元，合计 38891 元。对于此问题，已按照天然林资源保护工程资金管理要求，从某县林业局机关经费中归垫违规使用资金 38891 元。

多天，稽查总金额 139.3 亿元，查出违规金额 1.8 亿元。有些省级稽查主管部门针对工作中发现的问题现场出具《整改责任书》，提出整改意见，并跟踪整改落实，保障了稽查工作成效。

三、宣教与培训

各省级稽查主管部门始终把加强队伍建设作为基础工作来抓。2014年，各省(自治区、直辖市)稽查办共举办各类业务培训15期，累计培训人员776人次。稽查人员通过培训，拓宽了工作思路，更新了知识结构，提高了稽查队伍整体工作水平。

专栏3 稽查监管培训特点

1. 建立人才储备机制，提高培训人员素质

吉林省林业重点工程资金管理中心建立起“内部审计稽查人员档案数据库”。每年的实地稽查，省厅资金管理中心有重点地挑选业务出众的财务人员，与稽查业务能手搭档组成工作组，以老带新，使广大稽查工作人员在开展实际稽查工作中，不断加深对有关工程项目和资金使用管理政策的理解。宁夏回族自治区生态林业基金管理站遴选了18名政治素质好、业务技能精、工作作风实的优秀稽查人才组建林业专项资金稽查专家组，专家组中高级职称人员占70%以上。

2. 聘请外部门专家，拓宽知识面

广东省林业厅林业工程资金稽查办公室多次邀请国家审计署广州特派办、省审计厅农业与资源环保审计处、省财政厅农业处和绩效评价处等单位的专家作专题讲座。

3. 强化后续教育，注重知识更新

山西省林业资金管理稽查中心与省内部审计协会共同举办了全省林业系统内部审计（资金稽查）人员后续教育培训班，培训内容以新的《内部审计准则》和《绩效审计基本理论与方法》为主，邀请山西财经大学的两位教授授课。此次培训共有80多人参加，为全面提高林业系统内部审计(资金稽查）从业人员素质，更好地完成省厅安排的审计工作奠定了良好基础。

四、配合稽查

2014年，基金总站配合国家林业局国有林场和林木种苗总站（简称场圃总站）、发展规划与资金管理司（简称计财司）开展了国家级林木良种基地考核工作，共派出9人次，参与7个工作组，赴吉林、辽宁、安徽、广西、河南、湖北、山东7省（自治区），就其2010－2013年度第一批国家重点林木良种基地中央财政补贴资金使用管理情况进行了核查，核查资金总额1.08亿元。

各级林业资金稽查监管机构积极协助基金总站开展全国性重点稽查工作，2014年累计派出40人次参加了基金总站组织的重点稽查工作，保证了国家林业资金重点稽查工作的顺利开展，同时，为各地稽查业务人员的学习、交流创造了机会，提高了基层资金稽查人员的业务水平和能力。

表1　各省稽查监管机构派员参加基金总站重点稽查统计表

地区	山西	陕西	河北	新疆	广西	江西	四川	大兴安岭集团公司	龙江森工	合计
人（次）	11	2	1	4	2	9	1	6	4	40

五、信息化建设

2014年，基金总站在吉林省长春市组织召开林业资金稽查监管信息系统运用试点座谈会。会议决定在吉林省首先开展信息系统运用试点工作，同时明确了试点有关具体事项。基金总站领导与吉林省林业厅领导高度重视，与会并讲话。吉林省林业重点工程资金管理中心、系统开发技术支撑单位派人参加了会议。该系统能够全面、准确、及时掌握各地林业工程项目进展和资金使用情况，为各级林业主管部门实现林业资金使用情况的精确指向、快速处理提供保障。

吉林省林业重点工程资金管理中心以用友智能会计平台U8为基础，完成了全省财政资金收支统一会计核算平台软件的开发。在总账与业务系统之间搭建起桥梁，既实现了财务与业务的独立性，又能轻松建立连接，加大了财务与业务处理的灵活度，真正实现了业务随时发生、财务随时核算的管理诉求。

2014年，各级林业资金稽查监管机构均设立专门的稽查工作信息员，积极向国家林业局网站“林业基金”栏目报送工作信息。

六、稽查监管成效

2014年，随着国家逐年加大对林业资金的投入，各级林业资金稽查监管机构扩大资金稽查范围，增加了稽查频次，不断更新稽查手段，稽查监管成效显著。

(1) 有效遏制了林业资金使用管理和使用过程中贪污、截留、挤占、挪用等违法腐败现象的发生。

(2) 规范了财务管理和会计核算水平，提高了财务人员业务能力。

(3) 提升了各级林业主管部门对林业资金管理的重视程度，强化了遵纪守法的意识。

(4) 保障了林业各项资金安全、有效运行以及林业重点工程的顺利实施。

主要做法和经验

2014年，国家林业局稽查办和各省稽查办继续坚持“围绕中心，服务大局”的方针，争取领导重视和支持，切实发挥稽查“系统免疫”的功能作用，充分履行资金监管、政策传导、服务基层、提高管理水平的职能作用，在加强稽查机构建设、制度建设、机制完善、业务指导、人员培训、理论研讨等方面做了大量的工作和大胆探索、尝试和创新，有效保障了林业重点工程项目资金安全有效运行，保障了林业干部安全，为林业事业顺利发展做出了积极贡献。

一、坚持围绕中心、服务大局

党的十八大以来，党中央、国务院从更新、更高的角度给予林业工作新的定位，对林业工作提出了新的要求和期望，指出了努力方向，国家林业局和各省稽查办紧紧围绕党中央、国务院治国理政的总体要求，围绕本部门、本地区林业中心工作，结合林业资金稽查工作实际，紧扣“推进依法治国、完善国家治理”这一核心，进一步增强使命感、责任感和紧迫感，确定林业资金稽查重点，部署稽查项目，强化稽查监督服务，当好国家利益的“捍卫者”、林业资金的“守门人”、反腐败的“利剑”，切实维护群众利益，真正为林业事业发展保驾护航。

二、加强制度建设，不断规范资金使用管理和稽查行为

（一）以提高规范化水平为基础，继续完善林业资金稽查工作规范

规范稽查作业行为，切实加强廉政建设，做到守土有责、为审清廉，维护好稽查良好形象。特别是在稽查工作组织上，目前国家林业局和各省稽查办均能做到年初有计划、有重点、有预案；稽查前有方案、有培训、有通知；稽查中坚持“查、帮、促”的原则，注重边查边改边提高；稽查后有反馈、有整改、有跟踪；年底有梳理、有汇总、有上报。

山西稽查中心制定出台了《林业资金稽查内部审计监管年度报告制度（试行）》、《稽查中心内部审计工作流程》、《信息工作管理考核办法（试行）》、《内部审计小组工作质量自我评估表》、经济责任审计报告模板等，进一步强化审计现场管理，规范内部审计工作程序。

黑龙江森林工业总局稽查办在稽查程序和环节上强化六个“做到”，规范稽查行为。首先，听取被稽查单位工程实施情况及自查、复查和整改情况汇报。其次，认真查阅被稽查单位财务、资金、工程管理方面的制度、文件。第三，到实施单位财务部门查阅原始凭证、账簿、报表及合同、档案等基础材料。第四，抽查两个林场、基层单位进行账账、账实核对。第五，核对、整理、汇总稽查纪实材料，形成工作底稿，撰写稽查报告。第六，召开座谈会，提出整改建议，限期整改。

新疆维吾尔自治区稽查办制定出台了《新疆维吾尔自治区林业资金稽查办法（暂行）》、《新疆维吾尔自治区林业资金稽查工作纪律》、《新疆维吾尔自治区林业资金稽查廉政纪律》、《新疆维吾尔自治区林业厅直属单位处级领导干部任期经济责任审计管理办法》、《新疆维吾尔自治区林业稽查总站财务支出业务管理制度》和《新疆维吾尔自治区林业稽查总站财务工作人员岗位责任制度》等制度，规范了“林业资金稽查工作方案”、“林业资金稽查通知书”、“林业

资金稽查工作底稿”和“林业资金稽查报告撰写规范”等文本格式，切实推进了林业资金稽查工作标准化管理进程。

（二）继续完善资金使用管理工作制度，使资金使用管理工作有章可循，有据可依

福建省林业厅制定下发了《关于加强省级财政专项资金管理的通知》、《关于建立省级林业专项资金项目库的通知》、《关于规范营造林项目补助资金发放指导意见的通知》等资金管理办法，会同财政厅印发了《关于加强福建省森林资源补偿费征收使用管理的通知》和《福建省林业贷款中央财政贴息补贴资金管理实施办法》，草拟了中央和省级林业专项资金管理实施细则初稿，进一步健全了资金管理制度，确保本省林业资金管理更加科学规范。

江苏省制定印发了《江苏省林业项目管理办法》和《江苏省林业项目验收管理规定》，进一步规范项目管理流程，明确管理责任主体。同时，为充分发挥专家在林业项目管理工作中的科学决策作用，促进林业项目管理科学化和规范化，江苏省建立了省林业项目评审专家库，实行重点林业项目专家评审制度。

辽宁省稽查办制定印发了《辽宁省林业厅行政事业专项资金申报使用管理办法》、《辽宁省林业工程项目稽查办法（试行）》，完成了《辽宁省林业厅林业专项资金项目立项及验收办法（暂行）》的初稿，实现了由注重制定单项项目资金管理办法向加强项目全过程、综合性管理及规范内部控制制度上的转变。

三、积极探索，不断创新工作方式方法

2014年，国家林业局和有关省稽查办在常规稽查的工作基础上，积极探索创新工作方式方法，完善稽查工作机制，增强了稽查工作权威性和影响力，取得了较好的工作效果。

山西省在资金稽查工作中，践行“六个坚持”，做到“四个拓展”，保障“三个安全”：一是由年度林业资金稽查和财务收支审计拓展为年度资金稽查审计与绩效稽查审计并重；二是由离任审计拓展为离任审计与任中经济责任审计并重；三是由大会通报拓展为大会通报与重点约谈并重；四是由督促整改拓展为督促整改与跟踪整改并重，有效保障了全省林业工程安全、资金安全和干部安全。

黑龙江省森工总局在稽查工作中，全面发挥稽查主体责任，通过制度建设建立资金安全长效机制，积极配合和协调审计、财政、行业部门检查，为总局林业重点工程资金安全提供了有力保障。为确保工作任务落到实处，在黑龙江森林工业林区实施资金稽查“一把手”工程，层层落实责任主体，形成“一把手”负总责、主管领导和财务部门具体抓、一级抓一级、一层抓一层的互动格局。

新疆维吾尔自治区在稽查工作中，努力推进稽查业务环节的管理标准化工作，充分发挥全省上下稽查及财务人员力量，与财政、银行等部门开展联合检查，组织开展林业重点工程资金相互稽查，促进稽查工作更具有针对性和实效性。2014 年，新疆维吾尔自治区稽查办开展了一次直属三大国有林管理局之间的相互稽查，互查工作重点突出学习借鉴兄弟单位内部控制制度建设，促进三大国有林管理局内部控制制度进一步完善，使其更加符合改革发展的实际需要。

浙江省在稽查工作中，特别重视和加强稽查工作组织领导，逐步建立起省内林业资金稽查体系，增强了稽查工作的权威性。2014 年，浙江省林业厅将资金稽查工作列入省林业基金管理中心的一类工作职责，并由省稽查办具体负责，每年组织制定和实施稽查计划，将稽查结果纳入省林业厅对各市林业局年度工作责任状目标考核；各市、县（市、区）及项目建设单位配备专人具体负责林业项目建设管理，并配合稽查工作。全省形成了“上下联动、齐抓共管、责任追究、绩效奖励”的项目监管体系。

广西壮族自治区稽查办联合生态公益林管理办公室，不定期对广西全区公益林补偿工作实施情况进行督查，并实行支出进度月报制度，及时掌握各市、县森林生态效益补偿基金管护补助支出进度，对兑现率低的单位进行督促，积极推进林业强农惠农补助资金的兑付，圆满完成2014年为民办实事森林生态效益补偿绩效考评目标。

河北省稽查办在加强资金稽查的同时，注重工程质量和工程管理稽查，结合外业调查和内业资料查访，促进林业工程项目管理水平的不断提高。

四川省稽查工作做到了三个“全覆盖”：一是稽查范围上，采取每个市（州）稽查一个县的方式，实现了市（州）全覆盖；二是稽查项目上，采取综合性检查方式，实现了林业项目全覆盖；三是稽查重点上，采取专项检查方式，实现了重点项目全覆盖。

四、加强整改，增强稽查工作成效

2014年，国家林业局和各省稽查办继续强化对查出问题的整改落实，促进稽查工作取得实效。

山西稽查中心对稽查审计发现的重要问题，给各单位下达了整改通知书，在年底召开的“资金安全运行会议”上进行了通报，由主管厅长与问题单位签订了《整改责任书》，限期整改；对稽查审计发现的突出问题，由厅领导同有关单位负责人进行约谈，进行严厉批评，提出明确要求。通过加强督促，各有关单位认真落实整改要求，都按期报送了整改报告。

四川稽查办通过召开座谈会和资金安排调控等方式加强整改，起到了很好的整改效果。稽查整改座谈会要求全省各市（州）林业局分管局长和被稽查县林业局主要领导参会，省厅分管领导和驻厅纪检组长到会指导，被稽查县林业局长逐一汇报整改情况。对于存在较为严重问题的县（区）和整改不到位的县（区），在项目和资金安排上给予调控，督促有关县（区）高度警醒，规范管理，防范风险。

河北稽查办建立了两个制度，加大对稽查问题的整改。一是稽查问题台账制度，即把每个县发现的问题建立台账，方便督促整改，整改到位的销账，没到位的继续督促整改，直至整改到位；二是稽查结果通报制度，即年底将全年稽查结果向全省林业系统和被查县政府进行通报，提出具体要求。

五、强化队伍素质建设，提高稽查执行能力

2014 年，国家林业局和各省稽查办继续以能力建设和作风建设为核心，组织开展形式多样的学习培训活动，不断提高稽查人员的理论水平和业务素质，增强大局意识，提高贯彻落实科学发展观和执行党的路线方针政策的自觉性，着力打造政治过硬、业务精通、作风优良、廉洁自律的稽查队伍，着力培养一支业务精通、结构合理的复合型高素质稽查队伍。

山西省、新疆维吾尔自治区、浙江省、辽宁省、吉林省稽查办注重在实践中培养人才，在实践中锻炼人才。通过建立本地区林业资金稽查专家库，抽调地市县或省厅有关单位财务人员参与稽查工作，既完成了资金稽查工作，又以“以查代训、以老带新”的方式对广大稽查工作人员和财务人员进行实战培训，加深对有关工程项目和资金使用管理政策的理解和业务水平的提高。

山西省稽查办对十八大以来中央、省委、省厅出台的各项规章制度以及各级、各部门近几年涉林工程项目和资金管理方面颁布的法律法规和规范性文件，编印了《林业工程项目与资金管理实用手册》，为更好地开展资金稽查与内部审计工作提供了依据，也为进一步提高稽查内部审计队伍素质提供了学习资料。

广东省稽查办先后多次邀请国家审计署广州特派办、省审计厅农业与资源环保审计处、省财政厅农业处和绩效评价处等专家作专题讲座，进一步拓宽稽查人员视野，丰富稽查人员的工作经验。

林业资金运行状况分析

一、林业资金使用管理总体评价

从林业资金稽查监管总体情况看，随着财政、审计检查及林业行业内部资金稽查监管力度的加大和频次的增加，各级林业主管部门和林业重点工程项目实施单位对工程项目资金的监管意识日益增强，对项目建设和资金的使用管理日趋规范，林业资金稽查监管水平明显提高，当前林业资金运行状况总体良好。

从 2014 年全国性重点稽查情况看，各级林业主管部门及项目实施单位都高度重视林业资金的使用和管理，注重部门间的协作，强化管理，落实责任。各项目实施单位的内控制度日渐健全，在资金使用上更合规、有效。各林业重点工程项目的建设实施也较顺利，工程项目的管理总体上比较规范，基本形成了各部门相互配合、共同管好用好林业资金的工作格局，林业资金使用管理总体安全有效。

二、存在的主要问题及原因分析

2014 年，国家林业局组织开展了对天然林资源保护工程二期投资、湿地保护工程投资和天然林资源保护工程区内中央财政森林抚育补贴等 3 项资金的重点稽查工作。从全国性的重点稽查情况看，各级林业主管部门及各项目实施单位均很重视项目资金管理，各工程区项目建设工作推进顺利，任务完成情况总体较好。同时，也暴露个别单位存在以下问题及不足。

（一）违反基本建设程序管理和项目管理有关规定

分析主要原因：一是由于湿地管理部门对湿地没有使用权，在项目组织实施时，需要与农业、水利、环保、城建、国土等多个部门协调，项目沟通协调环节多，推进工作难度大，从而造成工程项目建设缓慢。二是计划下达时间与项目程序管理要求不适，影响项目建设进度。由于林业生产受季节、气候因素影响较大，如资金计划下达时间过晚或某一环节，如设计编制或审批、采伐指标申请、种苗采购、施工招投标，周期延长，错过生产季节，就会影响工程进度。三是可行性研究与施工脱节，费用估算不准。由于立项可行性研究及可行性研究批复时间与投资计划下达时差过大，造成原材料、用工及其他市场环境等变化，导致投资成本提高，各项目实施单位为完成任务便擅自变更建设地点、建设内容，扩大投资总额等。

（二）存在挪用资金及扩大国家资金开支范围的现象

分析主要原因：一是个别基层单位领导对财务管理工作重视不够，没有严格执行项目资金管理有关规定。稽查发现，个别单位领导对项目资金管理的重要性认识不足，造成项目规章制度缺失，或虽有规章制度但执行不严或有令不行。二是对政策认知和把握不到位，加之个别工作人员有思想松懈和工作松劲的情况，存在打擦边球的侥幸心理，导致挪用资金及扩大开支范围等现象。

（三）违反规定大额使用现金

分析主要原因：个别基层单位的财务管理水平有待提高。客观上有些单位地处偏僻、信息闭塞，培训工作滞后，使财会人员难以及时掌握最新管理文件、最新政策规定。加之个别单位财务管理制度不健全、不规范，或是有制度而不严格执行，特别是对现金的使用管理规定执行不严格、不规范，导致大额使用现金问题较多存在。

（四）合同管理不规范

分析主要原因：项目实施单位合同管理意识淡薄，故意不签合同或不严格执行合同。由于个别施工单位合同管理意识淡薄，没有合同或者有合同不执行，有的甚至编造假合同，造成项目管理、施工和资金拨付脱节。另外，较为普遍的是，鉴于施工人员多为工程项目单位职工及家属，外部施工单位及人员也多与工程项目单位常年有合作关系，新劳动合同法出台后，为规避缴纳社会等保险，节省成本，规避法律责任，工程项目单位多选择不签劳务用工等合同。

（五）会计基础工作不规范

分析主要原因：省级林业主管部门资金管理与监督工作不平衡，省级培训及稽查工作亟待加强。稽查发现，凡是省级林业主管部门培训指导到位、稽查监管力度大的省（自治区、直辖市），基层的项目管理、资金管理也普遍规范到位，工程（项目）质量、进度普遍良好，资金使用合法、合规、高效。反之，培训指导、稽查监管力度不大或缺失的省（自治区、直辖市），基层项目单位在项目管理、资金使用管理方面就较为混乱，出现问题就多。会计基础工作不规范的单位多属于很少或没有接受过省级及以上部门对项目资金的检查及稽查，资金管理及会计人员很少或没有接受过上级部门业务培训指导。

对策与建议

对于林业资金稽查中发现的问题与不足，各级林业主管部门要高度重视，要以认真负责的精神做好整改落实工作。同时，要立足于林业建设大局，形成合力，尽最大努力维护林业工程、资金和干部安全。各级负责林业资金稽查的部门要明晰责任，强化问责，消除隐患，彻底解决当前资金管理使用中存在的突出问题。特提出如下对策与建议。

一、注重反馈，推行稽查回访及整改报告制度

在资金稽查监管工作中，各地要加强对整改问题的沟通反馈工作。要积极推行整改报告制度，对存在问题的项目实施单位要限期报告整改情况；推行回访制度，对存在问题的项目实施单位要开展整改情况的跟踪检查工作，促进项目实施单位切实整改到位，消除项目资金管理隐患，确保整改落实的效果。

二、落实整改，完善责任追究制度

对存在的问题及风险隐患，要加强督促整改。对截留挪用、扩大国家资金开支范围的问题要立即纠改，并限期归垫原资金渠道。要建立健全责任追究制度，严肃追究有关人员责任，杜绝类似问题的发生；要从源头上堵塞管理漏洞，完善各项管理措施，形成责任具体、环环相扣的“责任链”，加大对资金运行的检查监督及问责力度，确保资金稽查成效。

三、严肃纪律，严格执行基本建设程序管理和项目管理规定

在工程实施和项目资金管理中，要增强资金计划的严肃性，严格遵守基本建设程序和项目管理规定。对于确需调整计划的，必须按照有关规定，履行相关审批手续。要加强基本建设项目中的“四制”管理，严格执行项目法人责任制、招投标制、合同管理制、工程监理制。法人责任制要落到实处，合同管理制要切实执行。

四、强化措施，确保工程项目建设进度和资金结算进度

各地要加强协调配合工作，强化部门协作，特别是要加强与财政、审计等部门的沟通协调。在林业部门内部及项目实施单位的各业务、财务等部门要强化协作，形成工作合力，加强项目管理，加快工程建设进度，及时组织竣工验收，及时完善相关报账、支付手续，确保资金及时拨付、工程及时完工。

五、加强培训，全面提高财务管理和会计核算水平

各级林业主管部门要全面加强业务培训工作。为资金稽查工作人员搭建相互学习、交流的平台，提高稽查业务工作水平。各项目实施单位要规范会计基础工作，确保会计信息真实准确反映单位的相关经济事项，凭证应完整、手续应齐全、核算应规范。通过各类业务培训，确保林业资金依法管理、规范使用，真正发挥资金使用效益；最大限度地降低林业资金在行业管理和使用中的风险，最大限度地降低稽查风险，确保林业生态文明建设和现代林业建设发展目标的实现。

第二篇 林业资金稽查监管地方报告

DIERPIAN

LINYE ZIJIN JICHA JIANGUAN DIFANG BAOGAO

天津市2014年度林业资金稽查监管地方报告

一、稽查监管机构基本情况

天津市林业资金稽查监管机构设在市林业局发展计划处。目前，局发展计划处共有处长1人，副处长1人，干部4人，具体负责全市林业资金的审计、稽查等工作。

1. 工作职责

发展计划处的工作职责为：拟定本市林业和绿化的发展战略和发展规划，并组织实施；负责林业基本建设和各类资金的管理、审计及统计工作。具体职责为：负责对本市林业资金的使用和管理进行稽查；配合国家林业局对林业资金开展稽查、检查、审计工作；研究完善林业资金稽查工作的规章制度和办法，组织开展相关业务培训。

2. 主要任务

对本辖区内重点林业工程资金的使用和管理情况进行监督检查；派出稽查工作组对重点工程资金的使用和管理情况进行定期或不定期的稽查；部署被稽查单位进行自查并派出工作组进行重点核查；提交稽查报告并对发现的问题提出具体的处理意见或建议。

3. 稽查监管体系

市林业局、各区（县）林业主管部门、林业资金工程项目实施单位共同构成天津市林业资金稽查监管体系。

4. 稽查对象

天津市林业重点工程资金稽查监管的对象为重点工程实施区（县）的各级林业主管部门及项目主管单位。

二、稽查监管职责履行情况

1. 制度建设

2014年，天津市林业局林业资金稽查工作紧密围绕林业中心工作，依据《国家林业局关于重点林业工程资金稽查工作的暂行规定》（林基发〔2000〕129号）精神，按照国家林业局党组关于“强化项目和资金监管，强化资金稽查”的有关要求，以资金稽查为手段，以确保项目资金安全有效运行、提高全行业资金管理水平为目标，按照“一查、二帮、三促进”的原则，充分调动行业稽查队伍的整体力量，不断扩大稽查面，逐步延伸稽查功能，注重督促整改。

2. 工作部署

2014年，天津市林业局配合财政部驻津专员办重点对天津市2012－2013年防护林建设资金等开展了资金稽查工作。

3. 重点稽查及督导整改

2014年，天津市林业局配合财政部驻津专员办重点对天津市2012－2013年防护林建设等资金开展了资金稽查工作。在检查中发现部分项目开工不及时等问题。配合财政部驻津专员办及时督促有关单位认真加以整改。通过对重点项目的稽查，切实发挥了资金稽查的职能作用，为保障天津市林业各项重点工程建设顺利实施发挥了积极作用。

三、林业资金运行状况分析

（一）林业资金使用与管理现状

随着国家林业局投入力度的加大，天津市地方财政的林业资金投入力度也不断加大。2014年，天津市共完成林业固定资产投资138794万元，其中：中央投入8731万元，地方各级财政投入130063万元。

（二）存在的主要问题

由于天津市林业局和各区（县）林业部门均未成立独立的林业资金稽查机构，未安排相应的工作经费，日常的林业资金稽查工作由局发展计划处承担，人员多为兼职，队伍无法保持稳定，无法保障工作全面顺利开展。

四、意见与建议

恳请国家林业局出台相关政策，明确机构和职能，尽早成立天津市林业资金稽查管理部门，将工作经费等列入国家财政年度预算，以便顺利开展林业资金稽查监管业务工作。

河北省 2014 年度
林业资金稽查监管地方报告

一、稽查监管职责履行情况

按照 2014 年河北省林业厅林业重点项目质量与资金稽查工作计划，省厅稽查办分别对邯郸市的磁县、邢台市的南和县、保定市的望都县、唐山市的滦县、秦皇岛市的青龙县、张家口市的阳原县、承德市的围场县、廊坊市的固安县、衡水市的武强县、沧州市的沧县及辛集市等 11 个县（市）2011 – 2012 年度退耕还林匹配、京津风沙源治理、三北防护林、太行山绿化、沿海防护林、中央财政补贴试点造林等重点林业建设项目的工程质量、省以上投资管理使用情况、工程管理情况等进行了全面稽查。

（一）资金稽查

资金稽查是省厅稽查办稽查工作的重点，资金管理规范、使用合法合规是工程质量的有效保证。为此，省厅稽查办加大了资金稽查工作力度，不仅检查县级使用资金，还深入到有关乡村进行跟踪稽查；不仅查验账目凭证，还与资金计划、工程实施方案、作业设计等进行比对，做到查准、查实、查清。全年共稽查项目资金 4.4 亿元，重点抽查 2.9 亿元。针对擅自变更投资计划、资金滞留、资金管理使用不规范、地方配套资金不落实等问题，提出整改意见和建议 18 条。

（二）质量稽查

工程质量好坏体现了资金使用是否有效，也是林业生产的落脚点。为此，省厅稽查办严格按照相关工程造林检查验收规程，采取随机抽样、全球定位系统（GPS）实测造林面积、样带调查成活率等方法，确保质量稽查精度。全年稽查绿化面积 6.2 万亩，包括退耕还林匹配、京津风沙源治理、三北防护林、太行山绿化、沿海防护林、中央财政补贴试点等工程。稽查涉及 26 个乡（镇）70 个行政村

410 个小班。从 2014 年稽查结果看，多数县（市）造林任务完成得较好，工程质量也比较高，但少数县（市）也存在不按设计施工、面积核实率低、成活（保存）率不高等问题。针对存在的上述问题，提出整改意见和建议 25 条。

（三）工程管理稽查

工程管理稽查是工程质量和项目资金稽查工作的延伸，工程管理是否规范、科学，直接影响整个工程质量。为此，省厅稽查办在资金稽查、工程质量稽查的基础上开展了工程管理稽查。结合外业调查和内业资料查访，对各地项目管理模式和设计、施工、苗木调运、检查验收、后期管护等重点环节的管理情况进行了调查了解。从稽查结果看，多数县（市）工程管理较好，但少数县（市）也存在设计不合理、验收不认真、档案管理不规范等问题。针对存在的上述问题，提出整改意见和建议 12 条。

（四）稽查报告及通报

对检查结束后形成的稽查报告，力争做到撰写规范，一切数字、问题和建议与工作底稿相符，揭露问题清楚，数字确凿，定性准确，适用法律、法规、规章正确、具体、有效，处理意见适当。在工作中特别注意提出切实可行的稽查建议，避免大而化之，方便被查单位采纳整改。为把发现的问题整改落实到位，一是建立了稽查问题台账制度，即把每个县（市）发现的问题建立台账，方便督促整改，整改到位的销账，没到位的继续督促整改，直至整改到位；二是实行了稽查结果通报制度，即年底将全年稽查结果向全省林业系统和被查县政府进行通报，指出存在的问题，分析产生问题的根源，提出具体要求。

（五）内部审计

2014 年，省厅稽查办根据直属事业单位主要负责人变动情况及法人变更的需要，对 4 个直属单位进行了内部审计。审计资金总额 8333 万元，重点抽查 5300 万元，审计资产总额 1900 万元。针对审计发现的部分项目资金未按计划用途使用、部分资金支出手续不健全等问题，提出整改建议 5 条。

二、林业资金运行状况分析

稽查结果显示，河北省各级政府高度重视林业项目建设，各实施单位对项目组织、实施、管理日趋规范，造林质量逐年提高，资金运行安全有效，取得了较好的绿化效果。但仍然存在以下问题。一是违反基本建设管理程序，擅自变更投资计划和项目建设内容。如有的县（市）将京津风沙源治理工程资金用于项目区以外的造林绿化，致使项目区造林资金严重不足，省下达的造林任务没有全部完成。二是项目资金支付迟缓，形成滞留。三是部分项目资金管理使用不规范。如有的县（市）没有按照项目资金管理要求单独建账，而是将项目资金与单位经费一起设置账目；有的县（市）项目资金实行财政报账制，资金收支由财政局记账，林业部门未进行账目记载，不利于资金管理；有的县（市）用退耕还林匹配造林项目资金支付施工费，凭证后未附施工合同、验收报告等相关材料；支付的苗木费无一签两证。四是配套资金不能足额落实。五是工程管理不规范。如有的县（市）造林作业设计粗疏，小班区划不合理，图面标注不准确；有的县（市）苗木采购随意性强，没有按照要求实行招投标制度，林业局集中采购苗木分发有关乡村无法保证所购苗木全部用于工程造林上；有的县（市）检查验收不够严格，验收没有采用 GPS 实测，而是采用村自报土地亩数或目测估算的形式，造成个别小班设计面积与核实面积出入较大；有的县（市）对工程档案管理重视不够，工程档案资料保存不完整，没有分类整理归档，没有建立检索目录。

产生这些问题的原因主要有：一是思想认识不到位。有些地方和单位领导在对待项目和资金方面缺乏正确的认识和态度，往往是重跑办、重争取，轻落实、轻管理，没有把项目实施和资金安全有效运行放在政治的、全局的和法律的高度来认识，导致项目实施质量差、资金使用效益不高等问题。二是组织管理不到位。没有形成有效的组织管理体系，工程管理的各个环节没有形成链条，相互脱节，监督不力。三是政策落实不到位。对有关工程项目的政策法规学习不够，执行政策法规的意识淡薄，对有关政策宣传不到位，群众对林业建设的认识不高，落实政策的办法不多，措施不力。四是规章制度落实不到位。在项目和资金管理方面，国家和省都制定了相应的制度、办法，多数县（市）也都结合本地实际制定了具体的管理办法，应该说规章制度相对比较健全，但从项目和资金管理出现的问题看，相当一部分是由于一些地方和单位有法不依、有章不循造成的，对规章制度只讲在嘴上、写在纸上、挂在墙上，没有贯彻落实到日常工作和项目实施中。

山西省2014年度林业资金稽查监管地方报告

2014年，在山西省林业厅党组的高度重视和全省林业资金稽查与内部审计人员的共同努力下，山西省的林业资金监管工作围绕中心，服务大局，瞄准目标，强力推进，在开展稽查审计、构建免疫系统、化解廉政风险、保障“三个安全”（工程安全、资金安全、干部安全）方面做了大量工作，并取得了明显成效。

一、稽查监管职责履行情况

（一）认真谋划，精心部署，全面安排稽查审计工作

为了做好全年工作，于3月20日召开了全省林业资金稽查内部审计工作视频会议。会上分析了当前形势，安排了全年任务，提出了严格要求。按照厅领导的安排和要求，以厅办公室（晋林办稽〔2014〕8号）文件印发了《2014年林业资金稽查与内部审计工作计划》，明确了稽查审计的范围、对象、重点内容、工作任务等，下发到各市林业局和厅直属各单位。根据工作计划，认真编制了《林业资金稽查内部审计工作方案》，进一步细化了稽查审计工作程序、工作方法、人员分工、稽查审计报告等作为工作的具体依据。

（二）突出重点，关注热点，圆满完成2014年林业资金稽查审计任务

2014年，继续遵循“六个坚持”的总体思路和基本方法，在全面实施林业资金稽查与内部审计工作的基础上，突出重点，关注热点，整体推进，全面展开。资金稽查重点关注了2013年国家和省级林业工程项目资金支出和结余情况。厅直属单位年度财务收支审计重点关注了“五费五金”［公务用车费、公务接待费、因公出国（境）费、会议费、培训费，小金库、大额使用现金、套取财政资金、挪用资金、大量结余资金］，着重审计了省厅“三个十”制度规定的执行

情况。省直属林业局审计的重点增加了项目结转资金、燃油补贴项目资金和中幼林抚育资金，完成了以下主要工作任务。

（1）按时完成了11个市17个县2013年度国家及省级林业工程资金稽查，稽查资金总量24724万元。稽查中发现挪用专项资金1050.36万元，滞留资金3008.66万元，配套资金不到位1838.79万元，以拨代报资金415.45万元等10类20个方面的问题。根据相关规定，对被查县（市、区）在林业重点工程项目、资金管理和财务收支中存在的问题提出了整改意见，促进了被稽查单位规范项目管理和资金管理。

（2）及时完成了11位领导干部的离任经济责任审计，并按规定出具了离任审计报告。离任审计结束后，厅领导对管理不规范、问题比较多的省林木良种培育中心、管涔山国有林局、庞泉沟自然保护区、灵空山自然保护区、霍山自然保护区5个单位的原任和现任负责人进行了约谈，要求这些单位高度重视经济责任审计发现的问题，限期整改，并将整改落实情况作为新任领导一年任期考核的重要内容和主要指标，有力地推动了整改工作。

（3）重点完成了后勤中心、规划院、林业科学研究院、推广站、林业干部学校、林业技工学校、保护站、林木育种研究中心、质检站、花业站10个驻并单位年度财务收支审计工作，审计资金总量6819.35万元。审计中发现挤占专项经费、项目实施与计划不一致、资产管理不规范、债权债务管理不到位等10类15个问题，审计组提出审计建议25条。

（4）全面完成了省直属九大林业局年度财务收支审计工作。重点抽取了局财务、局机关、公安分局、自然保护区以及1/3的林场共计76个基层单位，审计资金总量24119万元。审计中发现扩大专项资金开支范围、挤占挪用专项资金、超标准配置车辆等10类21个问题，审计组提出审计建议34条。同时，尝试开展了绩效审计工作，选择了“重点林木良种基地补贴和林木良种苗木培育补贴”项目开展绩效审计试点，结合财务收支审计，确定太行林业局营盘林场、五台林业局种苗站作为试点单位，为今后开展林业项目绩效审计进行了有益探索。

（三）强化整改，责任追究，不断提高稽查审计工作成效

对稽查审计发现的一般问题，实行边查边改，指导被查单位及时整改；对稽查审计发现的重要问题，给各单位下达了整改通知书，在年底召开的“资金安全运行会议”上进行了通报，任建中副厅长与问题单位签订了《整改责任书》，限期整改；对稽查审计发现的突出问题，由厅领导对晋中、吕梁、长治、临汾市林业局和太岳林业局有关负责人进行了约谈，进行了严厉批评，提出了明确要求。各有关单位认真落实整改要求，从整章建制、强化培训到堵塞漏洞、规范管理，整改成效逐步显现，并按期报送了整改报告。2015年1月14日、2月2日，稽查中心领导分别带领内部审计科、资金稽查科有关人员对相关单位的整

改情况进行了跟踪督查，进一步强化了整改情况的落实。

（四）多措并举，全员参与，努力提高工作质量

2014年是稽查审计工作提质增效年。一年来林业资金稽查人员将质量意识贯穿于工作始终，以贯彻落实省厅《关于进一步加强内部审计工作的意见》为抓手，着力提高内部审计和资金稽查质量。

（1）强化培训。4月24～25日，林业资金稽查人员与山西省内部审计协会共同举办了全省林业系统内部审计（资金稽查）人员后续教育培训班，培训内容以新的《内部审计准则》和《绩效审计基本理论与方法》为主，邀请山西财经大学的两位教授授课。此次培训共有80多人参加，为全面提高林业系统内部审计（资金稽查）从业人员素质，更好地完成省厅安排的审计工作奠定了良好基础。

（2）完善制度。在原有制度的基础上，又制定出台了《林业资金稽查内部审计监管年度报告制度（试行）》、《稽查中心内部审计工作流程》、《信息工作管理考核办法（试行）》、《内部审计小组工作质量自我评估表》、经济责任审计报告模板等，进一步强化审计现场管理，规范内部审计工作程序；按照省厅统一部署，对政治生态“六严工程”里的实施“严格查纠工程”做了深入研讨，并将修改意见及时反馈省厅，确定将内部审计作为该项工程的重要内容；为了便于全省林业资金稽查与内部审计人员系统学习掌握十八大以来中央、省委、省厅出台的各项规章制度以及各级各部门近几年涉林工程项目和资金管理方面颁布的法律法规和规范性文件，抽调专人认真编印了《林业工程项目与资金管理实用手册》，并发放到全省林业稽查审计人员手中，为更好地开展资金稽查与内部审计工作提供了依据，也为进一步提高稽查内审队伍素质提供了学习资料。

（3）落实责任。在稽查审计工作中，明确责任，落实到人，实行组长负责制。稽查审计小组组长对稽查审计工作目标、质量、结果、廉政负全责。四位组长以身作则，率先垂范，所有组员尽职尽责，努力工作，圆满完成了省厅安排的稽查审计任务。

（4）实践锻炼。针对省级监管队伍扩充了不少刚毕业的年轻人员的实际情况，采取传帮带和边学习、边实践的工作方法，在实践中培养人才，在实践中锻炼人才。通过几年的历练，科长们更加成熟，年轻人明显进步，部分同志已成为业务骨干。

（5）加强考核。在稽查审计过程中，按照《山西省林业资金稽查内部审计工作质量考核办法（试行）》来衡量，从工作程序、工作底稿、稽查审计证据、工作报告、工作档案、工作纪律等6个方面20项具体内容对工作全过程进行评价和考核。质量考核结果作为年终单位先进个人和先进科室评选的重要依据。

另外，在完成好既定任务的同时，受国家林业局基金总站邀请，先后派出7名同志配合国家林业局参与完成湖南、陕西、重庆、广西四省（自治区、直辖市）

2011 – 2013 年天然林资源保护二期、湿地保护工程及林木种苗建设项目资金稽查工作；受五台林业局邀请，派出 2 名副科长协助完成了 9 个单位负责人离任审计工作；根据省厅安排，派出 8 名同志对燃油价格补贴进行了专项检查。通过参与外部工作，起到了互相学习、互相交流的作用，也展示了山西省林业资金稽查人员的良好形象。

二、资金监管案例

（1）案例一：资金稽查发现某县林业局 2012 年能源生态林建设示范项目计划造林 3 万亩[①]，涉及 9 个乡镇 32 个村。在对照投资计划文件、作业设计、工程的检查验收报告、账簿及凭证的基础上，发现该局实际实施 9 个乡镇 25 个村，其中 1.126 万亩在没有报经批准的情况下变更了实施地点。

事后，该林业局对变更的作业设计重新进行了报批。

（2）案例二：内部审计发现某省直属林业局某林场 2013 年 8 月购置雅阁轿车一台 19.19 万元，省林业厅批复该林场购置公务用车金额限 10 万元以内（含各项税费），属超标准购置公务用车。

事后，该林场公务用车被林业局收回，林场负责人向局党委做了深刻检查。

（3）案例三：某县林业局 2013 年依据县长会议决议挪用 2012 – 2013 年森林生态效益补偿基金 897.47 万元支付 2011 年环城高速绿化款、2012 年度通道绿化管护费等本县近年来承担的林业工程款。

事后，该县在省、市两级林业部门的督查下，于 2015 年 1 月将挪用的专项资金全部归还县林业局账户。

三、2015 年工作计划

2015 年是山西省林业全面推进自然生态“六大工程”和政治生态“六严工程”的关键之年，在这新的一年里，山西省的林业资金稽查和内部审计工作，要围绕“双六”工程，加强资金监管，努力保障“三个安全”。

（一）紧紧围绕“六大工程”，深入开展资金稽查，努力促进林业重点工程项目资金安全有效运行

1. 强化专项稽查，突出重点工程

一是重点关注“六大工程”中“两山”造林工程，特别是列入省政府“转型综改标杆项目”的吕梁山生态脆弱区建设工程；二是对森林生态效益补偿基

① 1 亩 =666.67m^2。以下同。

金开展专项稽查；三是对干果经济林建设项目开展专项稽查。通过稽查寻找影响工程项目健康实施的症结，督促建设单位规范使用资金，确保工程顺利实施。

2. 强化稽查力量，统筹稽查资源

在省级重点稽查时，抽调部分素质过硬的市级资金稽查人员，组织联合稽查组开展工作，通过资源优化配置，提高稽查成效，并达到互相学习、互相促进、共同提高的目的。

3. 强化人员培训，认真编制方案

要在稽查工作开展前认真编制稽查工作方案，从目标、范围、期间、对象、组织、内容、程序、方法、纪律、结果等方面统一标准，规范尺度，并对稽查人员进行专业培训，使稽查队伍明确要求、掌握方法，确保资金稽查工作顺利开展。

4. 强化问题导向，深入进行稽查

稽查工作将以问题为导向，寻找与国家、省相悖的制度缺陷，工程实施过程中在“四制”方面存在的问题，会计核算中存在的问题等，并对此提出有针对性的整改意见，促进项目顺利实施和资金安全运行。

5. 强化现场管理，规范稽查行为

拟定《稽查现场记录规范》，就稽查组分工、配合情况、资料搜集、总体状况、发现的问题线索、取证过程和结果、相关制度规范、初步定性过程及执纪情况进行规范。稽查工作结束后，要本着情况明、事实清、问题实、定性准的原则，实事求是出具稽查报告。

6. 强化责任落实，提高稽查质量

稽查工作在实行组长负责制的同时，要明确稽查人员、稽查组长、分管领导、主要领导各自的责任，逐级把关，层层负责，努力提高稽查质量。分管领导要深入一线巡回指导，全程参与，现场把关。

（二）认真实施“六严工程”，大力加强内部审计，努力保障厅直属单位工程安全、资金安全、干部安全

1. 加大审计密度，实现单位、项目、资金全覆盖

一是单位审计，不留死角；二是项目审计，不留盲点；三是资金审计，不留空档。

2. 加大审计频度，做到事前、事中、事后全程监督

对林业重大项目、重点工程要实行全过程监督。一是事前介入，防范风险；二是事中监督，及时规范；三是事后审计，查错纠偏。

3. 加大审计深度，着重解决重点、热点、难点问题

对违法、违纪、违规问题要加大揭示力度，促进党风廉政建设和反腐败斗争深入进行。一是重点问题，深入审计；二是热点问题，跟踪审计；三是难点问

题，专项审计。对国有资产、国有资源、债权债务管理和年度结余结转资金等难点问题开展专项审计，化解资金管理风险，提高资金使用效益。

4. 加大整改强度，建立健全自纠、他纠、共纠体系

一是主动自纠，积极整改；二是实行他纠，督促整改；三是上下共纠，全面整改。对审计反映的普遍性、体制性问题，厅有关部门要研究完善制度，将问题解决在源头。

5. 加大考评广度，完善考核、评价、奖惩机制

一是双向测评，严格考核；二是健全体系，综合评价；三是指标兑现，落实奖惩。要将审计结果纳入厅直属单位年度考核指标，将经济责任审计结果作为干部考评的重要依据。

6. 加大追究力度，严格通报、约谈、问责制度

一是通报公示，提高成效；二是领导约谈，高位推进；三是追责问责，严肃法纪。

总之，林业资金稽查与内部审计人员将大力弘扬“爱岗敬业、团结奉献、求真务实、开拓创新”的团队精神，履职尽责，扎实工作，不断提升资金监管水平，为保障山西省林业“工程安全、资金安全、干部安全”做出新的更大的贡献！

内蒙古自治区2014年度林业资金稽查监管地方报告

2014年，内蒙古自治区林业厅根据国家林业局办公室《关于印发<林业资金稽查监管年度报告制度>的通知》要求，围绕全区2014年林业资金监管工作任务，认真开展了2014年度林业资金稽查监管工作。

一、稽查监管职责履行情况

（一）制度建设

为规范重点生态工程资金的管理，提高资金使用效益，强化稽查监管职责，内蒙古自治区林业厅财务审计处高度重视制度建设工作，坚持依法行政、依法理财，严格按照中央和自治区各项资金管理办法和制度加强林业生态资金监管，将国家和自治区各项林业资金管理制度印编成册，要求各级林业主管部门和项目实施单位严格贯彻执行。针对目前非法占地成本低、收费标准不合理等问题，会同自治区财政厅制定了《内蒙古自治区森林植被恢复费征收使用管理细则》，按照《中央财政林业补助资金管理办法》的要求，起草了《<内蒙古自治区中央财政林业专项补助资金管理实施细则>征求意见稿》，拟在2015年印发执行。

（二）重点稽查

根据年度稽查工作任务安排和国家林业局稽查工作任务，2014年林业厅财务审计处共派出专项检查组3个，13人次，开展了两项资金的稽查工作。一是对2013－2014年度自治区本级财政部门预算资金使用情况进行了稽查；二是重点抽查了全区3个盟市8个旗县（区）2011－2013年度天然林资源保护工程和湿地保护资金自查情况。

（三）专项检查

一是与自治区财政厅联合开展了2014年度中央财政天然林资源保护工程区森林抚育补贴资金稽查工作，稽查了内蒙古大兴安岭森工集团4个林业局8个林场，呼伦贝尔市、通辽市、兴安盟5个林业局9个林场，稽查资金15800万元。

二是与自治区银行业监督管理局（简称银监局）、国有林场管理局稽查了林业贷款贴息资金，稽查了鄂尔多斯市、乌海市、通辽市3个林业局8个贴息贷款项目，稽查贴息资金2159万元。

三是组织开展了直属事业单位新事业单位会计制度执行情况检查工作。

四是完成了厅直属单位政府采购制度执行检查。

五是完成了厅直属单位公务卡使用管理情况检查。

（四）协助稽查

一是配合自治区审计厅开展了全区2011－2013年度生态资金审计工作。

二是配合自治区审计厅完成了2013年度林业厅部门预算执行和专项资金管理审计。

三是配合国家审计署完成了地方债务清理和存量资金检查工作。

（五）培训与宣教

为进一步夯实财务基础，切实提高财务人员的业务技能，组织厅直属单位全体财务人员参加了国家林业局在上海会计学院举办的培训班，系统学习了新颁布实施的《行政单位会计总则》、《事业单位会计总则》、《预算法》、《行政事业单位内控制度》。组织各盟市、旗县（区）财务人员，对现行林业财政政策进行了全面的培训。

（六）稽查成效

一是督促各级政府、财政部门及时将林业生态建设资金拨付到项目实施单位。

二是通过稽查，各级政府依法理财的法制观念得到提升，违规违纪现象逐步减少。

三是通过稽查，资金管理制度进一步健全，项目管理进一步规范，起到了帮扶、促进的作用。

四是掌握了林业生态资金管理使用中存在的实际问题，为今后的工作和政策落实积累了经验，提供了科学的依据。

二、林业资金运行状况分析

（一）林业资金投入、使用与管理现状

1. 总体情况

随着国家对林业生态文明建设事业的重视，中央和自治区各级财政对全区林业的投入逐年加大，全区林业生态建设事业进入快速、高效、健康发展的时期。重点工程顺利实施，生态建设持续深入，林业产业长足发展，基础设施进一步加强，林业改革稳步推进，生态建设取得了“整体恶化趋缓，局部治理好转”的良好效果，全面完成了各项规划任务，林业投入取得了明显成效。全区各级林业主管部门和各项目实施单位高度重视林业工程管理和资金管理，严格按照要求加强领导、采取措施、落实责任、建章立制、强化管理，全区林业专项资金运行状况总体安全，资金使用效益明显。

2. 投资情况

2014 年，全区林业专项投入达 85 亿元。从投入主体看，中央投入达 71 亿元，占总投入的 84%，由此可见，内蒙古自治区林业生态建设投入主要依靠中央投资，地方财力有限，投入不足。从投资结构看，基本建设投入 12 亿元，财政专项投入 73 亿元，由此可见，内蒙古自治区林业生态建设资金用于落实惠民政策、保障林农生活和森林资源保护的投入所占比重较大，用于林业生产建设的投入相对较少。

3. 使用成效

一是年度造林任务圆满完成。2014 年，全区共完成造林绿化作业面积 1005.58 万亩，其中人工造林 611.58 万亩，飞播造林 90 万亩，封山（沙）育林 304 万亩。全区完成义务植树 7137 万株。

二是国家各项重点工程项目顺利实施。截至 11 月底，完成京津沙源工程作业面积 204.12 万亩，其中人工造林 101.32 万亩，封山（沙）育林 80.8 万亩，飞播造林 22 万亩；完成三北防护林工程作业面积 215.15 万亩，其中人工造林 138.81 万亩，封山（沙）育林 63.34 万亩，飞播造林 13 万亩；继续停止黄河上中游天然林资源保护工程区天然林商品性采伐，完成 3.09 亿亩天然林管护任务；完成 2013 年度下达的配套荒山荒地退耕还林任务和 85.8 万亩的补植补造任务；完成了 1.55 亿亩的国家重点公益林和 1000 万亩的地方公益补偿任务。

三是自治区重点区域绿化工作深入推进。2014 年，共完成重点区域绿化任务 209.2 万亩，其中公路绿化 4679.2 千米，城镇绿化 355 个、69.1 万亩，村屯绿化 1336 个、38.2 万亩，厂矿园区绿化 384 个、16.6 万亩，黄河两岸绿化 15.4 万亩，大青山前坡绿化 6.6 万亩。

四是资源保护管理工作成效显著。2014 年，全区发生森林火灾 162 起，其中一般火灾 82 起，较大火灾 79 起，特大火灾 1 起，受害森林面积 5.14 万亩，

森林火灾受害率 0.137‰；火灾当日扑灭率达到 99.4%。同时，成功堵截蒙古国和俄罗斯大的境外火 20 多起。全区共发生各类林业有害生物 1474.76 万亩，其中轻度 820.94 万亩、中度 484.07 万亩、重度 169.75 万亩，有效降低林业有害生物危害。2014 年，组织开展了一系列专项执法行动，严肃查处各类破坏森林资源的违法犯罪案件 162 起，全区共受理各类森林和野生动植物案件 31414 起，侦破、查处各类森林和野生动植物案件 30963 起，综合查处率 98.6%，挽回直接经济损失 6452.6 万元。开展了野生动植物调查以及野生动植物行政许可、核查和野生动物疫源疫病监测工作。对 25 处全区重点湿地进行日常监测，监测湿地面积 78 万公顷。启动了阿尔山地区停伐，每年停伐木材产量 9.18 万立方米，实施效果良好。

（二）林业资金使用管理存在的问题及原因分析

从稽查和审计结果看，全区各级党委、政府及有关部门围绕筑牢我国北方重要生态安全屏障的战略目标，全面贯彻落实科学发展观，坚持节约资源与保护环境的基本国策，将生态建设作为内蒙古最大的基础设施建设来抓，积极实施京津风沙源治理二期、天然林资源保护二期和各项重点林业生态工程。通过完善各项林业生态建设工程项目监管措施和制度办法，规范了项目与资金的运作，森林资源和植被环境得到了恢复保护，生态环境明显改善，有力推动了内蒙古的生态文明建设。但还存在以下几方面生态建设项目实施与资金管理使用中的问题，需督促各级政府和相关部门予以纠正和改进。

一是一些旗（县、区）项目建设进度缓慢，未能按项目设计如期完成生产建设任务。

二是生态建设项目存在工程招投标政策执行不到位，未按规定实行招投标、应招标而未招标或操控招投标，使招投标制度流于形式，违规转包、分包，串通招标，虚假招标。

三是生态资金建设项目后续管理松懈，导致项目主管部门对国家政策执行不到位，建设项目未能有效实施；项目实施中随意变更项目实施对象、项目组织方式和覆盖范围，或未履行项目验收、竣工决算手续，项目实施效果受到影响。

四是部分生态工程设计不合理，设计方案不科学，未实现预期效益，导致资金浪费。

存在问题的原因分析：一是一些地方领导法制意识不强，政绩心理作祟，有些地方政府和财政部门存在滞留、挪用生态建设资金的问题，导致项目实施单位没有资金保障，无法正常开展生产建设；二是中央财政补助资金下达较晚，且补助标准偏低，地方财力不足，无法配套，项目资金不能及时到位，不能按时施工；三是专业调查不够深入，资源底数不准确，实施方案、作业设计批复较晚，作业设计不够严谨、科学，影响正常施工。

三、主要做法和经验

（一）建章立制，依法理财

严格贯彻执行国家和自治区各项资金管理制度，针对各地项目实施和资金使用过程中存在的问题，及时建立健全管理制度和办法，制定实施细则，并严格执行，依法行政、依法理财，保障资金安全运行。

（二）突出重点，狠抓落实

根据年度工作任务和资金使用管理实际，确定稽查工作重点，明确年度工作任务，制定工作措施和稽查方案，狠抓落实，层层突破。

（三）创新机制，协调配合

一是创新稽查监管机制，加强与国家审计署、稽查办联系，充分发挥各级审计、财政、纪检监察等部门的职能作用，建立联查机制，提高稽查工作效率和查办能力。

二是创新稽查工作方式，充分发挥基层稽查队伍的作用，采取自查与互查相结合、抽查与重点检查相结合的方式，在稽查中发现不足，取长补短，提高稽查业务技能和工作水平。

（四）管控并举，常态监管

一是把资金稽查作为常态工作常抓不懈，从项目立项、审批到资金分配、下达、使用实现全过程监督，把监督关口前移，严防违规违纪行为。

二是各级林业、财政主管部门紧密配合，加强联系，不定期、不定项目开展稽查监管工作，实现资金动态监管，形成资金监管高压态势，加大监督检查力度。

四、对策与建议

（一）进一步加大财政投入力度，加快资金拨付进度

目前，林区普遍存在基础设施建设滞后，林业建设资金缺口较大，造林绿化工程标准偏低，投入总量严重不足，森林生态效益补偿和森林抚育补贴标准偏低的问题。为此，中央和各级财政要根据社会经济发展水平，进一步加大林业财政投入力度，提高补贴标准，满足林业生产建设需要。同时，要逐步完善预算管理体制，加快资金拨付进度，确保专项资金及时到位，保障项目顺利实施。

（二）建立联动监督机制，形成资金监管合力

要积极联系财政、发改委、审计、监察等部门，建立林业主管部门和相关部门相互配合、紧密协作的林业项目资金监管稽查机制，既可以强化监管稽查力度，提高监管实效，也可以减轻基层工作压力，降低监管成本。

（三）建立责任追究和奖惩制度，完善绩效考核机制

要进一步完善生态专项资金的使用制度和绩效考核机制，理清事权、划清责任。要求各级政府、各主管单位要建立专项资金管理问责机制和生态建设项目绩效考评制度、奖惩制度，充分发挥生态建设资金使用效益。

（四）加强基层业务培训，抓好稽查队伍建设

建议国家林业局稽查办要加强对省级财务人员和稽查人员的业务培训，从制度法规到具体业务技能，从政策理论到实际操作都应该进行全面系统的培训，打造一支作风素质一流、专业技术过硬、能打硬仗、敢啃硬骨头的稽查队伍。

辽宁省2014年度林业资金稽查监管地方报告

一、稽查监管机构基本情况

（一）建立林业稽查行政机构

2005年，辽宁省林业厅为加强林业重点工程资金监督管理工作，下发了《关于重新设置省林业重点工程稽查办公室的通知》（辽林组字〔2005〕36号），成立了省林业重点工程稽查领导小组，领导小组下设办公室，办公室设在辽宁省林业基金管理总站，实行一套人马，两块牌子。比照国家林业局相关规定，省林业重点工程稽查办公室业务归口厅发展规划与资金管理处，并配合厅发展规划与资金管理处研究拟定全省林业重点工程资金稽查工作规章制度和工作计划，具体承办林业重点工程资金及有关专项资金的稽查工作，并负责相关业务培训。2013年，辽宁省林业厅党组为进一步强化林业工程稽查工作，在机构和人员十分紧张的情况下，经与省机构编制办公室（简称编办）沟通协调，在林业厅机关行政处（室）中增设林业工程稽查处，并于同年12月正式运行。

（二）工作主要职责

林业工程稽查处的主要职责是：负责对林业工程项目运行、资金使用和相关管理情况进行监督和稽查；负责编制林业工程资金和项目稽查工作计划，制定资金和项日稽查工作规章制度，指导市、县稽查工作；负责厅所属单位的财务审计工作。

二、稽查监管职责履行情况

（一）加强领导，完善制度

多年来，辽宁省林业厅党组一直高度重视林业稽查工作，不断加强对重点工程质量的监督和资金运行的监管。进一步完善各项工作规章制度，针对各工程的不同特点，研究制定相应的综合管理办法，为林业重点工程的顺利实施提供制度保障。制定印发了《辽宁省林业厅行政事业专项资金申报使用管理办法》、《辽宁省林业工程项目稽查办法（试行)》，完成了《辽宁省林业厅林业专项资金项目立项及验收办法（暂行)》的初稿。实现了由以往注重制定单项项目资金管理办法向加强项目立项、审批、检查、验收、工程质量、绩效评价等全过程综合性项目管理及规范内部控制制度上的转变；从原来林业工程项目事后稽查向林业工程项目事前介入、事中稽查监管、稽查工作关口前移的转变，使工程项目资金管理和项目建设质量管理更加规范和科学。特别是2013年年底省厅林业工程稽查处成立后，制定下发了《辽宁省林业工程稽查办法（试行)》，确定了林业工程稽查的工作目标、任务，规范了林业工程稽查工作程序，解决了全省林业工程稽查干什么怎么干的问题，使林业稽查工作有了基本的工作遵循。

建立了辽宁省林业工程专家库。为适应现实工作之需要，研究延伸工作手臂，解决稽查人员从哪里来的问题，借助全厅各单位优秀财会专业、林业专业技术人员力量，建立了《辽宁省林业工程稽查专家库》，吸纳厅机关处（室)、厅直属相关单位专业技术人员80人，有效地解决了林业工程稽查人力问题，保证了林业工程稽查工作的顺利开展。

增加了对市、县稽查工作的指导职责，强化了对林业工程稽查的领导，形成了国家查省、省查市、市查县，一级查一级，上下联动的稽查工作新局面。

（二）制订方案，重在执行

每年年初，厅党组确定全年林业重点工作时，都将林业稽查工作列为重点进行详细分解，明确稽查工作的目标和任务。稽查部门根据厅党组的统一部署，结合林业建设的实际，制订详细的工作方案，确定稽查工作的内容和方式、方法，指导全年的稽查工作，使稽查工作做到年初有目标，实施有依据，各项工作有章可循，成效明显。对国家和省安排的临时性稽查任务，相关部门能认真研究，精心组织，及时实施，做到事事有落实，件件有回音，得到了有关部门的认可和好评。

（三）组织培训，提高素质

为提高全省林业系统财务人员的素质，厅稽查部门经常结合财务会议和各类专项会议，细致解读有关的政策、规定和各项管理办法，促进各级财务人员熟悉会计政策，提高财务管理能力水平。每次实施林业工程项目专项稽查前，都召开专门会议，邀请相关部门的业务骨干，给项目稽查组人员讲解各工程的实施程序和有关的资金财务管理知识等，明确稽查工作规范，使稽查工作有序开展。

（四）开展稽查，促进整改

1. 强化林业工程专项稽查工作

开展全省中央财政湿地保护补助项目建设资金稽查。2014 年 4 月，组织抽调 10 人，组成 4 个稽查工作组，开展对辽宁省 2011 – 2013 年度使用中央财政湿地保护补助项目建设资金的湿地公园、自然保护区进行专项稽查，涉及 7 个市 8 个湿地公园、自然保护区，稽查资金总额度 2400 万元。先后制定中央财政湿地保护补助资金项目建设稽查工作方案、成立稽查工作组、举办中央财政湿地保护补助资金项目建设稽查前工作培训班、送达稽查工作通知书、开展国家专项资金稽查工作。稽查工作结束后，编制了《辽宁双台河口国家级自然保护区中央财政湿地保护补助项目建设资金稽查报告》等 8 个项目资金稽查报告。召开了全省中央财政湿地保护补助项目建设资金稽查工作总结会，全面总结了中央财政湿地保护补助项目建设资金稽查情况，确定了编制全省中央财政湿地保护补助项目建设资金稽查报告的编写意见。根据稽查结果，林业厅将整改通知书下发至各相关市、县政府，并召开全省中央财政湿地保护补助项目建设资金整改工作会，有针对性地提出了 8 个单位整改的指导意见，有效地落实了稽查后的整改工作。5 月末完成了《辽宁省 2011 – 2013 年度中央财政湿地保护补助资金自查报告》并上报国家林业局。

2. 接受国家林业局对辽宁省使用中央财政湿地补助项目建设资金检查验收工作

2014 年 9 月，国家林业局稽查工作组对辽宁省的盘锦双台河口湿地、朝阳市白石水库湿地、抚顺市大伙房水库湿地使用中央财政湿地保护补助项目建设资金及资金使用情况进行了例行检查验收。国家林业局专家组一致认为辽宁的湿地保护工作成效显著，主要表现在国家湿地专项补助资金使用管理规范，国家投入资金量较少，但全省的湿地建设工程质量完成得很好，这与省级林业工程稽查的有效监督是分不开的。

3. 组织开展 2013 年度全省有关林业重点工程项目稽查工作

首次对全省多个林业重点工程项目资金使用情况开展全面稽查。共抽调 20 人，组成 7 个稽查工作组，历时 2 个月，对涉及全省 4 个中央财政专项、2 个省财政专项的科技推广示范资金、林木良种补贴资金、森林生态效益补偿资金、有害生物防治资金进行了专项稽查。稽查工作范围涉及全省 13 个地级市及绥中县、昌图县，共稽查 31 个县（市、区），稽查资金总额度 22572.5 万元，占被查项目总资金额度（6.18 亿元）的 36.53%，占全省 2013 年度林业工程资金总额度（35.13 亿元）的 6.43%。稽查工作结束后，召开了稽查工作总结会。目前，按工作程序落实稽查整改工作。

（五）加强内审，规范管理

全面推行领导干部经济责任审计工作。到目前，先后对省退耕还林工程中心原法定代表人、省三北防护林工作总站（省防沙治沙中心）原法定代表人、省林业厅机关房产维修队原法定代表人及爱林招待所负责人、省林业科技培训中心原法定代表人、省干旱地区造林研究所原法定代表人等5个单位原法人离任开展了经济责任审计工作，并按照规定编写了报告。

针对领导干部经济责任审计出的主要问题，召开了审计情况通报会，向所有厅直属单位通报了各被审计单位存在的主要问题，配合相关部门出台相关规范性文件，督促各单位加强工作中存在问题的整改，不断规范全厅行政事业单位财务管理及内部管控等工作。

三、林业资金运行状况分析

2014年，省及省以上林业投资363896万元。其中，中央级资金191026万元，包括中央级专项投资146978万元、中央级基建投资44048万元；省级资金172870万元，包括财政专项投资157078万元、基建投资15792万元。截至2014年年末，省林业厅各项资金均下拨到市、县，资金下拨率达到100%。

2014年，对全省2013年度中央财政专项中的林业科技推广示范资金、林木良种补贴资金、森林生态效益补偿基金、林业有害生物防治资金和省财政专项中的林业有害生物防治资金、天然林及地方公益林补助资金使用管理情况进行了稽查。

本次稽查范围包括全省13个市31个县（市、区），涉及省以上专项资金22572.5万元。其中：科技推广资金800万元，林木良种补贴资金1015万元，中央森林生态效益补偿基金15523万元，省级森林生态效益补偿基金4445.6万元，林业有害生物防治资金789万元。本次稽查资金总量占2013年度省以上林业专项资金35.13亿元的6.43%。

从稽查结果看，省、市、县各级林业主管部门对各项工程资金做到了管理严格、定期检查、指导到位。其中林业推广资金的使用均能较为严格地按照预案执行，手续齐备、材料完整。林木良种补贴资金大部分项目单位都能按项目实施方案进行管理、实施，资金管理较规范。森林生态效益补偿基金总体上管理规范，年度到户补偿资金发放情况良好。林业有害生物专项资金能够按照规定使用管理资金，会计核算比较规范，资金使用比较合理。但是部分地区在项目运行和资金管理上还存在一些薄弱环节，主要表现在以下五方面。

一是专项资金支付进度缓慢。个别地区专项资金支付进度缓慢，不能充分发挥资金应有效益。某市财政滞留森林生态效益补偿基金（直补到户资金）746.155万元和病虫害防治资金8万元；某县林业局生态办分别于2013年6月、

2014 年 7 月向财政报账 3231.97 万元，财政局已确认完毕到县国库中心，但因县财力困难当年欠拨共计 3231.97 万元；某县林业有害生物防治资金 20 万元未使用。

二是存在大额支付现金现象。某市林业科技推广项目现金支付平整土地费用 16 万元；某县林木良种补贴项目现金支付种子款 15.6 万元。

三是未严格实行县级财政报账制。某市林业科技推广项目未严格实行县级财政报账制，部分资金通过县财政拨付到乡财政所，由乡里直接列支。

四是人工费支出比例过高。部分地区林业有害生物防治资金人工费支出比例超过 20%；个别县资金支出全部是人工费。

五是未按规定进行政府采购。个别地区购买森林病虫害药品和良种苗木未进行政府采购。

四、工作建议

(1) 强化稽查工作计划。国家林业局年度稽查工作计划应尽早下发给各省，以便形成国家和省相互协调的稽查工作机制。

(2) 加强资金监管人员的业务培训。建议国家林业局每年定期组织省级稽查人员业务培训，提高稽查人员的业务素质。

(3) 开展调查研究，修改相关规章制度。目前，存在相关管理办法过时，与实际工作有诸多不适应的地方，建议国家林业局相关部门充分开展调研，制定符合实际需要的相关管理办法。

大连市2014年度林业资金稽查监管地方报告

一、稽查监管职责履行情况

2014年，大连市重点开展了林业贷款贴息补贴使用管理情况专项检查、2014年市政府投资项目稽查工作、2013年度财政支出绩效评价工作等。

（一）林业贷款贴息补贴使用管理情况专项检查

按照财政部办公厅、国家林业局办公室、中国银行业监督管理委员会（以下简称银监会）办公厅《关于开展林业贷款贴息补贴使用管理情况专项检查的通知》（财办农〔2014〕35号）有关部署，大连市成立了由市财政局、市林业局、市银监局组成的联合检查组，开展了林业贷款贴息补贴使用管理情况专项检查，对项目单位贷款真实性、项目建设完成情况进行了检查稽查，并将有关检查情况报送财政部、国家林业局、银监会。

（二）2014年市政府投资项目稽查工作

为进一步加强市政府投资项目管理，保证政府投资合理、有效使用和项目顺利实施，根据《关于开展2014年市政府投资项目稽查的通知》（大发改稽察字〔2014〕85号）有关要求，2014年，大连市林业局配合市发展和改革委员会（简称发改委）开展了2014年市政府投资项目稽查工作，重点对项目申报、建设管理、财务管理等方面开展了稽查检查工作。

（三）2013年度财政支出绩效评价工作

为进一步提高财政资金使用效益，加强财政资金使用管理，根据《大连市财政局关于做好2014年市本级财政支出绩效管理工作的通知》（大财预〔2014〕380号）有关要求，大连市林业局对2013年度农村专职护林员补助项目开展了有关检查稽查工作，并做出了有关财政支出绩效评价。

二、林业资金运行状况及分析

（一）林业资金到位使用情况

2014年，中央预算内基建投资计划140万元，主要用于森林公园建设项目和林业工作站建设项目；中央财政专项资金计划2065.89万元，主要用于2014年度森林保险中央补贴、2013年度林业用油量补贴、2014年中央生态公益林补偿、国家森林病虫害测报补助、森林公安转移支付、野生动物疫源疫病测报等方面。省级资金投入共15万元，主要为柞蚕放养项目。市级基建投资计划72882.68万元，主要用于滨海大道建设、荒山造林、青山工程、园区绿化、道路绿化、村屯绿化、森林公园建设、森林防火建设、森林病虫害防治体系建设等方面；市级财政专项计划4600.89万元，主要用于有害生物防治、市级公益林补偿、专职护林员补助、森林防火、林业产业化等方面。2014年中央、省、地市及县级投资收入共计93362.07万元，上年结余4631.8万元，本年支出87945.69万元，年末结余10048.18万元。

（二）林业资金使用与管理现状

大连市林业资金运行总体良好，基本达成了各项林业资金投资目标，实现了惠农兴林的投资宗旨。工程类专项资金管理比较规范，投资效益比较明显；补助(补偿)类专项资金存在个别地区、个别单位因故滞留和配套资金不到位情况。

（三）存在的主要问题及原因分析

1. 退耕还林补助资金滞留

一是退耕还林保存率不合格，致使专项补助资金不能兑现（有的第二年补植仍未达到保存合格标准）；有的因退耕还林地块已经不存在无法兑现（这种情况在全市具普遍性）。二是退耕还林地由村集体经济组织管理，专项补助资金被滞留在乡财政所。三是属于退耕农户巩固退耕还林成果（用于发展后续产业）的补助资金因退耕农户没有多余耕地发展后续产业，致使部分专项补助无法发放。

2. 生态公益林专项补贴滞留

一是在采伐管理方面，有的地区采取商品林和生态公益林一样的管理方式，即除更新伐之外停止一切采伐，商品林经营者不享受生态公益林补助，为了维稳采取一律不发放生态公益林专项补贴，致使专项资金滞留。二是林种划分不科学，两个居民组之间或同一居民组户与户之间存在着同一片山林有的被划分为公益林、有的是商品林而争议很大，导致不能兑现生态公益林补贴。三是承包大户和农民之间谁应享受政策（公益林补助）不好界定，致使专项补贴不能兑现。四是有的乡（镇）村人均生态公益林面积少，专项补偿到户的金额非常少，村民也不太重视，因此专项补贴被滞留在乡村账户。五是有地方公益林属蚕场，补偿标准低，老百姓宁可养蚕也不要补贴，因此专项补助金滞留。

3. 配套资金不到位问题

主要原因是区（市、县）财力有限无法配套。也有个别地区提出由于市级财政下拨的专项补贴还没有兑现给农户，因此本级财政不能再配套。

三、主要做法和经验

为确认退耕还林补助对象及补助额，落实退耕还林补助资金，2014 年，大连市开展了退耕还林核查工作，通过委托社会机构形式，对全市退耕还林面积和保存情况进行彻底清查，以清查结果作为退耕还林补助资金发放依据，为今后一个时期退耕还林补助发放提供了重要的依据，确保了退耕还林补助资金发挥最大效益，杜绝了不必要的流失。

吉林省2014年度林业资金稽查监管地方报告

2014年，吉林省林业重点工程资金管理中心按照《国家林业局林业重点工程资金稽查工作规范》要求，认真开展林业资金稽查监管工作，有效地规范了各项资金的管理使用，确保了林业资金的安全运行。

一、稽查监管机构基本情况

吉林省林业重点工程资金管理中心为处级事业单位，核定编制12人，实有人数8人。主要工作职能为：编制资金管理工作计划，制定资金管理工作规章制度，做好相关业务培训工作；对全省林业重点工程资金使用和管理情况进行稽查，并根据稽查结果提出处理意见；对单位和群众反映和举报的有关资金使用管理方面的问题进行重点检查，对查实的问题，按国家林业局《林业重点工程资金违规责任追究暂行规定》提出处理意见；配合财政、审计等职能部门对林业重点工程资金开展检查和审计工作；负责财政专项资金监管平台的业务管理工作；负责厅属单位财务收支情况审计和厅管领导干部经济责任审计工作。

二、稽查监管职责履行情况

林业资金稽查监管工作紧紧围绕全省林业工作重心，按照厅党组关于“强化项目和资金稽查监管”的有关要求，以资金稽查为手段，以确保项目资金安全有效运行、提高全行业资金管理水平为目标，按照“一查、二帮、三促进”的原则，充分调动全省林业资金监管队伍的整体力量，不断扩大稽查面，逐步延伸稽查功能，注重督促整改，切实发挥资金稽查的职能作用。

（一）稽查监管制度建设情况

初步建立了具有吉林省特点的一整套稽查工作机制：在稽查开展前，建立了稽查工作动员培训制度；在稽查实施中，建立了工作底稿制度和交流反馈制度；在稽查工作结束后，建立了稽查问题会商制度；在稽查整改阶段，建立了稽查整改责任制和稽查不良记录登记制度。在此基础上，省厅制定下发了《吉林省林业重点工程资金稽查工作暂行规定》，为稽查工作的制度化和规范化奠定了良好基础；出台了《吉林省林业重点工程资金违规责任追究暂行规定》，强化和规范了对资金违规问题的查处与整改；印发了《吉林省林业重点工程资金稽查工作规范》，进一步规范了稽查工作的组织实施；编制了《林业资金违法违规问题分类规范》，对稽查问题的分类和界定依据做出了进一步统一和规范。在此基础上，各市、县还根据工作实际，制定出台了许多具体的制度办法等，使林业资金稽查工作制度框架不断完善。

（二）稽查工作组织机构建设情况

省厅成立了吉林省林业重点工程资金管理中心后，各市（州）、县（市）林业主管部门、森工局等单位相继设立了内部审计稽查机构。目前，已有72个市（州）、县（市）林业局、森工局设立了资金内部审计稽查机构，配备了专（兼）职人员，落实了内部审计稽查职能，初步形成了全省林业行业内部审计稽查工作体系，为内部审计稽查工作的有效开展提供了有力的组织保障。各地内部审计稽查机构积极开展对辖区林业资金的检查和稽查工作，为确保林业资金的安全有效运行发挥了重要作用。

（三）稽查监管工作部署完成情况

2014年，省林业重点工程资金管理中心组织力量，对天然林资源保护工程资金、自然保护区建设工程资金、湿地工程建设资金、林业产业发展专项资金以及省厅直属25家事业单位2013年预算执行和财务收支情况等开展了稽查工作，稽查资金总额12.6亿元，重点抽查资金为9.4亿元，对发现的各类违规违纪资金进行了规范；另外还派出力量，对群众举报问题进行调查核实以及配合国家林业局、省审计厅等部门对有关林业项目进行稽查和审计。在稽查审计过程中，以促进工作为目的，坚持边查边改，以查促改，突出整改的工作要求，把整改贯穿于工作的始终，促进了会计基础工作的规范，推动了财务管理水平的提高。对于能够立即纠正的问题，如工程合同不完善、票据使用不合理、签字手续不齐全、资产不入账、会计科目使用不准确等问题，要求马上整改；对于不能立即整改的问题，如招投标不规范、不执行政府采购、资金支付与合同约定不一致、变更项目建设内容、大额使用现金等问题，要求完善制度，补办相关手续，限期整改；对于性质较严重的问题，如挤占挪用资金、截留滞留资金、擅自调整变更计划、虚报专项资金、虚列支出、配套资金不到位等，进行跟踪整改。通过坚持不懈的稽查审计工作，有效地发挥了“免疫系统”功能，强化了财务和项目管理，规范了会计核算。其他各级林业资金稽查部门也充分发挥职能作用，开展定期或不定期的稽查工作，及时反馈项目建设中存在的问题，研究解决问题的办法，尽力把问题消灭在萌芽状态，把资金运行的不安全因素降到最低。据统计，2014 年，27 个市（州）、县（市）林业局、森工局等内部审计稽查部门累计派出 94 个工作组近 500 人次，稽查资金总额 29.4 亿元，当年全部落实整改。经过全系统的不懈努力，各项林业资金使用管理中违规违纪问题的比例已大幅度下降。

（四）重点稽查情况（含稽查案例）

根据《吉林省林业产业发展专项资金管理暂行办法》（吉财农〔2010〕344 号）相关规定，省林业重点工程资金管理中心对全省 2012 － 2013 年省级财政林业产业发展资金扶持项目的建设情况及林业产业发展专项资金的管理使用情况进行了稽查。稽查资金总额 4635 万元，占 2012 － 2013 年林业产业发展专项资金总额的 70%。

稽查过程中发现如下问题，并按照规定进行了整改。

1. 部分县、市在项目申报审核时把关不严或降低申报标准

省林业厅、省财政厅《关于申报林业产业发展专项资金项目的通知》明确规定了林产品加工项目、林地经济项目、科技成果转化和推广项目申报标准与条件，明确要求各市（州）、县（市、区）林业、财政主管部门严格把握项目申报审核关，对项目的真实性负责。但在项目实际申报环节，个别县市对项目申报审核环节把关不严，或者人为降低申报标准，将不符合林业产业发展专项资金扶持标准的项目提报上来。

案例一：某林场林下水貂繁育基地项目系申报的林下经济类产业发展补助项目，建设内容为建貂舍、饲料加工车间、管护房，建林下养殖基地 225 亩，达到万只水貂的生产规模。在申报文件和项目实施方案中均已注明完成建设任务。经现场审计，该项目尚未建设。

案例二：某林场森林鸡养殖项目系申报的林下经济类产业发展补助项目，建设内容为利用林间空地搞肉食鸡的绿色养殖。该企业 2011 年实现销售收入 53 万元，2012 年实现销售收入 72 万元，并且都处于亏损状态，不符合申报标准。

2. 林业产业发展专项资金会计核算不规范

《吉林省林业产业发展专项资金管理暂行办法》规定，“项目单位要严格执行国家有关财经政策和财务规章制度，专账管理，专款专用，确保资金最大限度发挥效益”。但在审计过程中发现，部分项目单位林业产业发展专项资金会计核算存在不规范的问题。

（1）一些个体私营企业或专业合作社没有专职会计人员，记账多以流水账方式代替，无法按照会计准则的要求设置会计账簿进行核算。

（2）有些单位对政府补助资金会计处理不当，不能享受应有的税收优惠。实地审计发现某木业有限公司将收到的210万元产业发展补助资金直接列入“营业外收入”科目核算，并入当期损益，本应免缴的26.25万元税款上缴了企业所得税。

（3）林业产业发展专项资金所形成的固定资产没有登记入账。某绿化苗木产业基地项目等形成的固定资产均未登记入账。

（4）违反现金使用管理规定，大额提取现金进行交易。某林业局蓝孔雀项目直接支取38万元现金购买种禽。其他多数个体私营企业及合作社等林业产业项目实施单位都用大额现金支付相关费用。

（5）工程项目支出手续不健全。某林业局平整场地工程无工程合同，无具体人工使用记录、机械使用记录。

（6）会计核算手续不规范，非正式票据（白条）入账居多。审计发现，部分项目实施单位购买种苗、种禽等不能及时取得正规发票，多数以白条入账。个别项目单位存在项目款私存现象。某县大果榛子规模化栽培科技推广项目，该单位分笔提现转入某个人账户，用该款支付种苗款，购买种苗票据为白条票据。

（五）稽查监管业务培训情况

为适应开展稽查工作的需要，近年来，吉林省始终把加强队伍建设作为重要的基础工作来抓。一方面，通过举办培训班和以会代训等方式，对全省内部审计稽查人员进行新政策、新知识及稽查实务等有针对性的业务培训，帮助稽查工作人员不断拓宽工作思路，加快知识结构更新，提高实务技能，推动了稽查队伍整体工作水平的提高。另一方面，加强稽查工作的经验交流。省林业重点工程资金管理中心建立起“内部审计稽查人员档案数据库”，每年的实地稽查，省厅资金管理中心有重点地挑选业务出众的财务人员，与稽查业务能手搭档组成工作组，以老带新，使广大稽查工作人员在开展实际稽查工作中，不断加深对有关工程项目和资金使用管理政策的理解。在立足省内交流的同时，省厅还积极组织稽查人员走出去，参加全国林业重点工程资金稽查的业务培训，极大地提高了吉林省稽查人员熟练运用政策解决实际问题的能力和水平，确保了各项稽查工作的有效开展并不断向纵深推进。

（六）稽查监管信息建设情况

针对各单位会计信息不完整、业务核算不规范、财务报告不完善等问题，在充分调研的基础上，组织专业人员，经过一年多的时间，以用友智能会计平台U8为基础，完成了全省财政资金收支统一会计核算平台软件的开发。在总账与业务系统之间搭建起桥梁，既实现了财务与业务的独立性，又能轻松建立连接，加大了财务与业务处理的灵活度，真正实现了业务随时发生、财务随时核算的管理诉求。同时做到了“五个统一”，即统一会计核算软件、统一账套、统一科目、统一报表、统一档案。最终实现专款专用、票据合法、内容真实、手续健全、核算清晰、档案规范，杜绝转存资金、账外设账、挤占、挪用、套取等违规违纪现象的发生。

国家林业局林业基金管理总站将《国家林业局林业资金稽查监管信息系统》运行试点放在吉林省，在吉林省率先开展林业资金稽查、监管与账务统一衔接网上试运行工作。该信息系统能够全面、准确、及时掌握各地林业工程项目进展和资金使用情况，为各级管理部门实现林业资金使用情况的精确指向、快速处理提供有力保障，确保林业政策落实。运用信息化手段，通过网络，能够实现各类数据根据需要及时从各县、市上报到省和国家林业局，使国家级用户和省级用户能够根据需要及时查询、统计、掌握各地各类数据，及时发现和揭露违法违纪问题和重大风险隐患，为资金安全和有效使用提供保障。

三、林业资金运行状况分析

近年来的稽查监管结果表明，通过林业行业自身加强稽查监管，加之财政、审计等部门的检查监督，各级林业部门和林业重点工程实施单位加强工程项目资金管理及自觉接受稽查监管的意识明显增强，林业资金管理水平不断提高，项目管理总体上比较规范；内部控制制度逐步完善，会计核算不断规范，基本能够做到专账管理、专款专用，资金使用比较慎重。

同时也应当看到，在资金使用、项目管理等方面，少数单位还存在着一些违规违纪问题，有些单位甚至屡查屡犯。违规违纪主要表现为：一是违反基本建设管理程序和项目管理有关规定，未经批准，擅自调整或变更项目建设或实施地点、建设内容、建设范围和建设规模，工程建设延期不报批，不按规定时限开展项目竣工验收，未按规定执行工程建设“四制”要求；二是违规抵扣基建投资和财政专项资金，截留挪用财政专项资金，政府性基金挪作他用等；三是无正当理由，滞留应拨付的项目资金和财政专项资金；四是擅自调整开支标准、扩大开支范围；五是虚报财务资料，冒领专项资金和隐匿经营收入；六是违反规定大额使用现金；七是项目配套资金落实不到位；八是会计基础工作不规范，项目资金核算未执行规定的会计制度，未单独建账、单独核算，会计核算不完整，会计信息不准确，会计账簿和科目设置与应用不合理，原始票据和凭证基本要素不全，报账手续不完备，记账依据不足等。同时，稽查工作本身的体制、机制等也还存在需要进一步理顺的问题，部分县、市稽查组织机构不健全，队伍不稳定，一些地方稽查工作的实际成效不高。各单位必须正视当前林业资金稽查监管工作中存在的这些问题，并在今后的工作中不断深化改革、强化管理，把稽查工作进一步引向深入。

四、工作建议

1. 进一步提高对稽查工作重要性的认识

各级林业主管部门要充分认识加强林业资金稽查工作的重要性，坚决摒弃那种“林业资金稽查工作是行业内部稽查，没什么大不了，可有可无”或“林业资金稽查工作是自曝家丑”等错误认识和想法，把林业资金稽查工作作为一项关系到现代林业建设全局的重要任务来抓紧抓好，保证其职能作用的充分发挥。各级林业主管部门一定要转变思想观念，要从重项目争取向重项目实施转变，不仅要重视争取项目，更重要的是要把在建的项目实施好，把项目资金使用好。

2. 进一步加强组织领导和制度建设

各级林业主管部门要从上到下建立起林业资金安全运行和林业资金稽查工作的目标责任制，把加强林业资金安全有效运行的责任真正落到实处。省级林业重点工程资金管理部门要切实发挥稽查工作的组织、指导作用，充分调动市、县林业资金监管部门工作积极性，切实做到全省林业资金稽查工作全面铺开，上下联动，努力构建稽查工作良好运行的体制、机制。要进一步建立完善林业资金稽查管理的各项规章制度，进一步明确并强化林业资金稽查监管机构的职能，为林业资金监管工作的规范有效开展提供制度保障。

3. 进一步加强稽查队伍建设

各级林业主管部门要进一步健全林业资金稽查机构，配备专职人员，落实工作经费，为稽查工作的有效开展提供基本的组织保障。要加强对稽查监管人员的业务培训和职业操守教育，建立完善稽查岗位责任制，不断提高队伍政治素质、业务素质和执纪能力。稽查业务人员要不断加强对财经法纪和专业知识的学习，特别是要加强对《预算法》、《会计法》、《审计法》、《政府采购法》、《行政许可法》、《财政违法行为处罚处分条例》、《中国共产党纪律处分条例》等相关法律法规的学习。此外，还要加强对国家规划、财政、税收、金融、经贸等方面政策和知识的学习，不断提高做好资金稽查工作的本领和水平。稽查监管人员要强化岗位责任意识、大局意识、风险意识和廉洁自律意识，认真履行职责，以过硬的素质、优良的作风、奋发有为的精神状态履行好党和人民赋予的神圣职责。

4. 进一步加强稽查整改工作

资金稽查整改工作是林业资金管理自我完善、自我提高的重要方式。单位主要领导要亲自抓整改工作，对稽查整改通知中提出的问题，每个问题都必须整改落实。整改工作要在整改通知要求的期限内完成。从稽查的情况看，林业资金管理上存在的问题有相当一部分是由于未严格执行财经制度和规定造成的。为此，在整改工作中，必须遵循资金管理使用要有章可循、有法必依的原则。擅自调整项目投资概算的要按规定进行调整；重点工程项目建设滞后的要加快项目建设进度，同时按规定支付项目资金。要进一步加强项目资金核算，完善入账手续，保证各项支出合法合规。要强化会计基础工作，真正做到账账相符、账表相符、账实相符。在进行整改的同时，举一反三，各项资金严格按规定用途使用，不能擅自改变资金性质和投资方向。

5. 进一步加大对违规违纪问题的处罚力度

要进一步按照违规违纪问题责任追究制的要求，建立起对稽查发现问题的跟踪整改机制。要对稽查发现的问题进行整改跟踪，对资金使用效益不高、违规违纪情况严重，特别是对查而不改、屡查屡犯的单位要坚决进行项目和资金调控。对有严重违法乱纪行为的要明确提出处理意见，提高稽查工作的严肃性、权威性和有效性。

黑龙江省2014年度林业资金稽查监管地方报告

黑龙江省林业厅为扎实推进全省林业重点工程建设，切实做好工程建设资金的管理工作，规范使用资金，提高资金使用效益，根据国家林业局《林业资金稽查监管年度报告制度（试行）》的有关要求，制定稽查工作计划、编制稽查工作方案、下达稽查通知、组成稽查工作组，在全省林业系统开展2012－2013年度林业重点工程资金稽查。通过稽查，进一步规范了各项林业资金的使用管理，保证了林业资金的安全有效运行。

一、稽查监管职责履行情况

（一）强化领导，健全和完善制度

1. 设立机构，强化领导

根据国家林业局的相关政策，为切实做好财政资金监管工作，确保财政资金安全有效运行，保证各级审计、稽查部门对林业厅系统进行预算执行、转移支付和财政专项资金等各项审计、稽查工作的顺利开展，黑龙江省林业厅成立了省林业厅审计、稽查工作领导小组，由省厅“一把手”任组长，下设办公室，由厅财务处处长任主任，负责组织实施林业厅系统审计、稽查的政策解释工作；研究并落实审计、稽查部门安排部署的事项；贯彻落实领导小组决定的各项具体工作任务和其他事项。

2. 建章立制，确保资金运行安全

通过建章立制和创新管理办法，全省林业财务管理、稽查监管工作内部管理制度日趋完善，项目资金管理办法和实施细则不断健全，尤其是在规范权力运行、重大项目大额资金集体决策以及项目资金评审等方面进行了制度设计和运行尝试。先后完成了《黑龙江省〈中央财政林业补助资金管理办法〉实施细则》（征求意见稿）、《黑龙江省林业厅成品油用油量联合会审办法》（暂行）、《黑龙

江省林业厅财务管理办法》（草稿）的起草工作。现在林业部门靠制度管人、管事、管项目、管资金的财务保障体系已初步形成，为项目资金的安全运行提供了制度保障，为全省林业系统依法治林、依规行政夯实了基础。

（二）开展重点稽查及专项资金审计，促进问题整改

1. 强化林业重点工程资金稽查工作

2014 年，黑龙江省林业厅将全省 2012 － 2013 年度森林防火、保护区建设、林木种苗、林业有害生物防治、防护林建设、退耕还林工程、生态效益补偿资金、成品油价格补贴及其他林业重点工程建设资金作为全年稽查工作重点。3 月 17 日，省林业厅下发了《黑龙江省林业厅关于在全省林业系统开展 2012 － 2013 年度林业重点工程资金稽查工作的通知》（黑林发〔2014〕 27 号），确定了稽查范围、稽查内容、稽查方式等工作内容。省林业厅自 5 月 15 日开始组成 3 个检查组，对全省 40 个县（市、区）及省直属单位进行了全面稽查。此次稽查是近几年省林业厅组织的范围最广、涉及单位最多的一次稽查，也是针对近几年在各级检查中出现的一些突出问题而组织的一次稽查。对稽查中发现的问题向各单位进行了通报，并要求逐一整改落实。

2. 加强林业贴息贷款使用管理工作专项检查监督

为切实加强林业贷款贴息补贴资金管理，进一步完善监督管理制度和工作机制，省财政厅、林业厅、森工总局和银监局等四部门联合下发了《关于开展全省林业贷款贴息补贴使用管理情况专项检查的通知》（黑财明传〔2014〕 1 号），组织全省各有关部门对 2011 － 2013 年度林业贷款贴息补贴制度建设、贷款项目真实性、合规性，以及林业贷款贴息补贴使用管理情况进行了全面清查，对发现问题的项目予以通报批评，要求项目所在地林业行政主管部门做出深刻反省，限时整改，杜绝今后再出现此类问题，并要求各有关部门对检查中发现的违规贴息资金全部收缴至同级财政部门。同时，建议当地政府部门牵头，组织纪检监察、检察院、公安局等相关部门组成联合调查组，对涉及违法违规行为的人员进行查处，坚决依法严惩，绝不姑息。

3. 做好直属单位经济责任审计工作

根据省林业厅关于对厅直属单位进行经济责任审计的部署要求，按照《审计法》和经济责任审计相关规定，对省林业监测规划院、省厅机关后勤服务中心等两家单位实施了经济责任审计。按照工作部署制定审计方案，严格按照程序和步骤完成审计工作，并出具了审计报告，对离任领导干部任职期间的经济责任和职责履行情况进行了客观评价。

4. 规范国有资产管理，开展行政事业单位国有资产租赁合同和非办公类资产清理工作

按照黑龙江省政府办公厅、省政府法制办、省财政厅的要求，省林业厅高

度重视，由分管厅长主持召开专门会议，部署具体工作，落实工作责任，由省厅重点工程稽查办牵头组织督促所属各单位做好国有资产租赁合同和非办公类资产清理工作，对清理情况进行抽查核实，并认真做好抽查发现问题的整改和汇总上报工作。通过清查工作的开展，严格规范了国有资产经营和使用行为，维护了国有资产的安全完整。

2014 年，黑龙江省林业厅先后接受了国家审计署、财政部、国家林业局、中国银监会、省审计厅、省财政监督管理局等多部门的审计、检查 23 次，对审计检查中发现的问题由省厅重点工程稽查办督促各有关单位、部门进行全面整改落实。

（三）组织培训，提高素质，加强财务部门和稽查队伍能力建设

为提高全省林业系统财务人员、稽查人员业务素质、工作能力，结合每年召开的全省林业财务工作会议，细致解读有关政策、规定和各项管理办法，采取以会代训的方式集中培训全省财务、稽查人员；结合每年开展的重点项目稽查和专项检查，对发现的问题进行重点剖析，举一反三，采取查训结合的方式指导财务、稽查人员开展项目、资金管理和稽查监管工作。通过培训学习，加强培养教育，加强能力建设，努力造就一支政治坚定、业务精通、纪律严明、执法严格的林业财务、稽查队伍。

（四）推进信息化建设，扩大信息交流网络平台

按照国家林业局稽查办信息建设要求，黑龙江省林业厅稽查办及时做好林业财务、稽查信息的采集和整理工作。2014 年，厅稽查办向省林业厅信息中心、国家林业局稽查办报送林业财务、稽查信息 52 条，国家林业局稽查办采用了 35 条。通过信息的采集和交流，进一步丰富了林业财务管理、资金稽查交流的网络平台。

二、林业资金运行状况分析

（一）林业资金使用与管理现状

2014 年，中央和省级财政投入黑龙江省生态建设资金 24.39 亿元，其中：中央财政投入资金 20.79 亿元，省级财政投入资金 3.60 亿元。2014 年，全省林业产业重点推进项目 14 个，截至年底，已完成投资 29.60 亿元，完成计划投资额的 96%。2010 年以来，全省落实林业贴息贷款项目 113 个，贷款 260484 万元，国家核批黑龙江省林业贷款贴息资金 6170 万元，安置就业人员 4 万多人，带动社会资金 410717 万元，极大地促进了全省林业产业发展，在取得经济效益的同

时，也在一定程度上发挥了社会效益和生态效益。

按照林业重点工程资金管理使用要求，通过林业行业自身加强监管稽查，以及审计、财政、国家林业局等多部门的检查监督，林业资金管理水平不断提高，项目管理大多比较规范。内控制度的逐步完善，防止了违规情况的发生，降低了财政资金的风险，确保了财政资金的安全有效。全省林业资金运行状况总体良好。

（二）存在的主要问题

通过重点稽查和专项检查以及审计、财政、国家林业局等多部门的审计检查，发现林业资金使用管理中仍然存在一些不容忽视和亟待解决的问题。

（1）专项资金拨付滞后，项目实施进度较慢。个别地方财政部门和林业主管部门违背专项资金使用的相关规定，没有及时将专项资金拨付到项目建设单位，造成林业专项资金滞拨，长期沉淀，致使项目建设不能按计划及时开工，影响了工程进度和项目按时完成。

（2）个别地方和单位违背专项资金使用的相关规定，挤占、挪用工程建设资金。个别项目单位在贷款没有落实到位的情况下向国家申报了贴息资金，还有个别项目单位出于自身资金需求提前还贷。

（3）工程项目没有实行合同制管理，有的单位虽然签订了合同，但缺乏实质内容，流于形式。

（4）工程项目建设没有建立完整的竣工验收制度，一些林业专项工程没有按照生产作业程序组织验收，作业验收单没有注明具体作业内容、作业地点、作业方式，也缺少验收评语。

（5）会计核算工作不规范，违规使用结余资金，支出手续不健全，违规大额使用现金，擅自扩大支出范围，超预算或串项使用部门预算资金，未履行政府采购手续。项目档案管理不规范，资料不完整。

（三）存在问题的主要原因

（1）项目建设从申报到实施周期较长，加之地方财政大多比较困难，财政资金到位晚，影响项目工程进度和按时完成。

（2）个别单位存在“重项目与资金争取，轻建设与资金管理”的现象，造成在资金管理上重视不够，在项目建设过程中对相关规定的执行不够严格，管理不到位。

（3）财务部门与生产部门缺乏工作配合，生产项目管理与财务资金管理相互脱节。合同管理意识缺失，法制观念淡薄。

（4）会计基础工作薄弱，财务管理不严格、不规范，财务人员素质、工作能力有待进一步增强。

（5）审核机制不健全，措施不到位。一些县（市、区）林业局没有建立完善的林业贴息贷款项目检查监督管理工作机制，对贴息项目的审核、验收、监管工作把关不严，流于形式。同时，受金融部门相关规定的限制，林业、财政部门无权到相关金融机构核实贷款的真实性，给个别项目单位弄虚作假、虚报贷款、违规操作创造了空间。一些部门的工作人员对有关林业贴息贷款政策的理解不深、掌握不透彻，没有给予项目单位很好的业务与技术上的指导，造成林业贴息贷款管理工作产生偏差。

（6）部分地方内控制度不完善，项目管理和资金管理制度不健全。现有制度执行力度不够，项目资金管理责任、管理效能有待进一步提高。

三、对策与建议

（一）要加强调查研究，理清工作思路

（1）要重点抓好调查研究、资金争取以及资金使用监督和后期评估，加大审计、稽查、集中评审的工作力度，并主动配合外部审计、稽查和专项检查。

（2）要争取在稽查监管方式方法上有所突破，建立全方位的资金运行稽查监管体系。

（3）要转变工作作风，更好地服务基层群众，强化服务意识，着力为各种林业经营主体提供优质高效服务。

（4）不能只围绕上边转，跑财政、跑发改、跑国家林业局，争资金要项目，还要向下看投资效果，要把资金用在刀刃上，要做好服务，要跟踪检查、监督问效，要重视项目建设和资金管理。

（二）要健全项目管理制度，规范资金的管理使用

要完善项目管理制度，加强项目资金的管理使用，强化项目支出的制度约束。实行专款专用，严格执行预算和支出标准，不得擅自改变资金用途、扩大支出范围、提高支出标准。

（三）要重视林业专项资金审计，不侥幸、不越线

林业专项资金审计监督已实现常态化、全覆盖。随着审计力度的加大，林业财务人员要提高风险防范意识，管好用好林业专项资金。只要是财政专项资金，不管怎样使用，首先要考虑资金运行安全，“警戒线、红线”不能碰，不能抱有侥幸心理。哪些能干、哪些不能干、怎么干，财务人员要替领导把好关，当好参谋助手，财政资金弄不好会出大事。

各级林业部门的主要领导要带头学习各项财经法律法规，学习专项资金管理办法，只有学法懂法才能不违法，才能提高资金使用效率。各单位要选拔素

质高、责任心强、能坚持原则的同志充实到财务岗位上，只有这样才能把好财务关，同时要支持和帮助财务人员做好各项工作，要做到制度不缺失、监管得力、程序到位、管理规范。

（四）要建立稽查监管机制，提升林业稽查监管水平

要建立健全林业贴息贷款稽查监督管理机制，采取县（市、区）全面自查自纠与省里重点抽查相结合的方式，并通过人民银行征信系统的查询，对林业贴息贷款项目资金实行有效监管，避免虚报贴息项目，套取财政贴息资金现象的发生。

要实现林业建设项目的动态管理，对林业建设项目和资金使用情况进行全过程监督，强化绩效稽查，注重督促整改，严厉查处违纪违规行为，实现监督检查常态化，提高林业资金稽查监管水平。

（五）要加强贴息贷款政策宣传与业务培训

做好林业贴息贷款政策的宣传和培训工作，使更多相关部门人员了解这项政策，使更多经济实体享受这项政策，把黑龙江省林业贴息贷款管理工作落到实处，真正管好、用好林业贴息贷款资金。

（六）建议国家出台林业贴息贷款联合监管机制

建立林业、财政、金融管理部门共同参与、分工协作的联合监管机制。

（1）做好顶层设计，这是做好林业贴息贷款监管工作的核心。从林业贷款贴息补贴管理制度与执行情况、林业贷款及贴息补贴使用管理情况、林业贷款真实性情况、林业贷款项目建设情况等几方面做好科学合理的顶层设计，明确各部门的责任，密切配合、各司其职。各级林业、财政、金融管理部门对林业贴息贷款的监管工作不能各自为政、公事私办、做好执行即可。

（2）加强银行监管。鉴于银行监管法规、制度已非常健全，包括“三法一指引”（固定资产贷款、流动资金贷款、个人贷款三个管理办法和项目融资指引）在内的规章在有效执行，短期内难有改变。金融管理部门的工作是做好与林业、财政部门的沟通工作，配合做好对林业贴息贷款的监管，提高此类贷款的透明度，提供征信系统的查询报告；督促银行做好林业贴息贷款的贷前调查、贷中审查和贷后管理，力争杜绝贷前调查不尽职、贷中审查不严谨、贷后管理不到位的情况。

（3）严格财政资金拨付程序，经相关部门核实贷款真实性后拨付财政贴息资金。

江苏省2014年度林业资金稽查监管地方报告

随着国家和省对生态建设和保护的扶持力度逐步增大，对项目实施过程提出了更高的监管要求，江苏省深刻认识新常态下加强林业项目资金监管的重要性，紧紧围绕林业发展大局，以确保项目资金合规、合理、安全运行，提高全行业资金管理水平为目标，建立健全资金和项目管理的责任体系，为保障全省林业重点工程建设顺利实施发挥了积极作用。

一、稽查监管职责履行情况

2014年，为进一步规范林业资金的使用和管理，强化财务监管，确保林业资金安全有效运行，江苏省重点开展了林业项目资金使用管理情况专项检查、湿地保护工程资金稽查、农业综合开发林业项目专项检查等工作。

（一）林业项目资金使用管理情况专项检查

根据《江苏省林业局关于开展林业项目资金使用管理专项检查的通知》（苏林办计〔2014〕8号）要求，在各地自查的基础上，2014年11～12月，分三组对全省13个市的绿色江苏专项资金、森林生态效益补偿基金、贫困林场扶贫项目资金、森林植被恢复费、防护林建设、中央财政补助等林业重点工程资金开展稽查。通过听取汇报、查阅资料和财务凭证、实地核查等方式对项目实施、投资计划和资金使用、财务管理、档案管理等情况进行专项检查。从检查结果看，大部分项目计划执行与资金使用管理比较规范，保证了项目的有序推进和资金的安全运行。

（二）湿地保护工程资金稽查

根据国家林业局林业基金总站《关于开展天然林资源保护工程二期和湿地

保护工程资金稽查的通知》要求，及时下发《关于开展湿地保护工程资金稽查的通知》（苏林计〔2014〕10号），要求各有关地方林业主管部门和项目建设单位认真开展自查。在各地自查基础上，江苏省林业局组成检查组对项目实施情况开展专项检查。从检查情况看，各级财政、林业部门能够积极履行职责，及时下达项目资金和规范项目资金使用，加强项目监督，指导编制项目实施方案，督促项目实施进度，严格控制资金使用范围，确保了中央财政湿地补助项目建设取得预期成效。

（三）农业综合开发林业项目专项检查

为认真贯彻落实《国家农业综合开发办公室关于开展农业综合开发资金和项目专项自查的通知》（国农办〔2014〕222号）精神，及时下发《江苏省林业局关于开展农业综合开发林业项目专项自查的通知》（苏林计〔2014〕87号），对各地做好专项检查工作提出具体要求。在各地自查的基础上，省林业局抽查了徐州市铜山区、宜兴市等地实施的15个农业综合开发林业项目。从检查结果看，江苏省承担的2012－2014年国家农业综合开发林业项目除个别项目外，绝大多数项目实施情况良好，资金使用规范，基本实现了预期目标。

二、林业资金运行状况分析

（一）林业资金使用与管理现状

总体上看，江苏林业项目与资金管理运行情况良好，项目实施更加有效、会计核算更加规范、资金使用更加安全。

1. 林业资金投入不断加大

随着绿色江苏建设的逐步推进，林业项目资金投入不断加大。据统计，2014年中央和省级财政投入近11亿元，其中省级财政专项补助资金近7亿元。

2. 项目与资金管理日趋规范

2014年，江苏省林业主管部门进一步加大林业专项资金检查力度，项目和资金管理规范运行意识得到提高，绝大多数单位能够严格按照相关规定组织申报、下达资金，项目资金专款专用，单独建账、独立核算，严格实行财政报账制。项目法人责任制、合同管理制、工程监理制、招投标制、竣工验收制等相关制度得到了较好执行。

3. 林业项目档案管理水平逐步提高

档案管理作为林业项目管理的重要组成部分，大多数项目单位能够按照相关规定将项目档案装订成册、集中保管，既保证了资料完整齐全，又方便资料查找利用，有效促进了项目规范管理。

（二）存在的主要问题及原因分析

一是资金拨付进度滞后，项目实施进度较慢。少数项目资金运行效益较低，存在资金到位迟的问题，出现跨年度拨付现象，个别项目资金未使用或未报账。主要原因是从项目申报到资金实际下拨时间跨度较长，导致项目资金无法按序时进度拨付，一定程度上影响了项目实施。

二是少数项目配套资金不到位。有些地方实施的国家级林业项目地方配套资金难以到位，少数地区仅以劳折资作为配套资金，影响了原定项目任务的完整实施。主要原因是未将地方财政配套资金列入年度财政预算，导致配套资金未能及时或足额到位，从而影响项目实施。

三是个别项目未按规定独立核算，项目文件资料缺失或未及时归档。有些项目资金未按计划或规定的用途使用，部分项目建成后不及时归档或项目归档资料不全。

三、主要做法和经验

（一）加强制度建设

一是为切实加强林业项目管理，提高林业项目建设质量和资金使用效益，进一步规范项目管理流程，明确管理责任主体，根据国家林业局有关林业项目管理规定，结合江苏省林业项目管理实际，制定了《江苏省林业项目管理办法》和《江苏省林业项目验收管理规定》，并印发全省执行。二是为充分发挥专家在林业项目管理工作中的科学决策作用，促进林业项目管理科学化和规范化，建立省林业项目评审专家库，并实行重点林业项目专家评审制度。

（二）强化专业培训

举办项目与资金管理、国家农业综合开发林业项目等培训班 2 期，邀请有关专家前来授课，通过案例分析详解工作程序，进一步提高了基层财务、项目管理人员业务能力和工作水平。

（三）突出稽查效果

对稽查工作中发现的问题深入分析原因、及时总结经验，帮助被检查单位剖析问题根源，认清潜在隐患，并积极向相关职能单位、部门反映实际困难，认真落实整改措施，收到了较好的效果。

四、对策与建议

（1）积极推进专项项目清单，继续健全重大项目集体研究和专家科学决策相结合的管理机制。推进项目信息公开常态化和法制化，规范公开程序，细化公开内容，改进公开形式，自觉接受社会监督。

（2）进一步加强项目资金检查的整改力度。完善资金拨付、使用、检查制度，建立项目与资金管理绩效评价机制。安排资金时，对项目与资金管理好的单位给予适当倾斜。

（3）降低中央投资项目地方配套资金比例，提高相关补助标准，努力使资金安排与实际相吻合，确保林业重点工程有效实施。

浙江省2014年度林业资金稽查监管地方报告

2014年，浙江省林业资金稽查工作以“抓监管、促服务”为重点，围绕投资重点和方向，全面发挥稽查“检查、反馈、整改、提高”的综合功能，开展自查和重点抽查，并配合国家稽查办的检查，发现和纠正了一些项目在建设程序、招标投标、财务管理、资金使用等方面存在的问题，为规范项目管理，促进项目建设，保障浙江省林业投资的安全发挥了较好的作用。

一、稽查监管职责履行情况

（一）完善了监管制度

为规范和加强财政林业专项资金和项目管理，切实提高财政资金的使用绩效，依据《中央财政林业补贴资金管理办法》、《中央财政现代农业生产发展资金管理办法》等有关文件规定，结合浙江省实际，制定了《浙江省财政林业补贴资金与项目管理办法》、《浙江省现代农业生产发展资金和项目管理实施细则》等管理制度，并在实际工作中贯彻落实；建立了林业重点工程项目资金例行稽查制度，实现了稽查工作常态化。同时，按照浙江省财政支农资金管理改革的要求，建立了第三方绩效评价机制，完善了监督检查制度。

（二）开展了重点项目稽查

2014年，浙江省林业资金稽查办累计派出11个稽查组62人次，对全省2011－2012年防护林项目、国家级湿地公园2011－2013年度湿地保护工程项目的实施和资金使用情况进行了实地稽查，稽查项目共涉及资金26628.2万元。

（1）组织完成了2011－2012年防护林项目资金稽查。采取听取汇报、查看资料和现场、沟通反馈等形式，实地抽查了杭州、湖州、台州、绍兴、丽水、衢州、嘉兴、温州、金华、舟山10个市20个县（市、区），共涉及2011－

2012年防护林项目39个，项目计划总投资21828.2万元，其中省以上财政补助资金9189.7万元(中央资金4448.3万元、省财政补助资金4741.4万元)；绿化造林任务176940亩，其中人工造林134140亩，封山育林42800亩。通过稽查，按时完成了稽查报告。同时，针对各项目存在的问题，发出整改通知，督促有关项目单位限期进行了整改，确保了林业项目工程质量和资金安全。

对稽查中发现的项目资金使用进度缓慢等问题，通过督促进行了整改和完善。例如：某县2012年防护林项目的总投资243.75万元，项目资金拨付实行报账制，稽查时该项目造林任务已完成，稽查中发现主管部门未及时报账，项目资金中不仅财政部门已拨付的120万元林业部门未及时拨付，同时还有123.75万滞留在财政部门。通过稽查和督促整改，该县林业、财政部门加强了项目的资金管理，按规定结报了资金，加快了资金使用。又如：某县2011－2012年的防护林项目，由于部分造林任务与产业化造林任务相结合进行实施，报账不规范，项目补助资金的使用集中体现在县财政产业化资金中，造成项目资金2011年结余4.38万、2012年结余176.16万。通过稽查和督促整改，该县完善了项目资金管理，调整了结余资金的处理，规范了后续项目的实施。

(2)组织完成了湿地保护工程项目资金稽查。根据国家林业局要求，部署7个国家级湿地公园开展了浙江省2011－2013年度湿地保护工程项目自查，并对杭州西溪(余杭区、西湖区)、长兴仙山湖、德清下渚湖、诸暨白塔湖、玉环漩门湾5个国家级湿地项目进行了实地检查，指出了项目中存在的问题并提出了建议和意见。

例如：通过稽查发现某国家湿地公园2011和2013年两个湿地项目的建设实施进展均缓慢。其主要原因：一是地方财政配套资金没有及时到位，其中2011年度项目地方配套尚有64.1万元未到位;2013年度项目地方配套80万元未到位。二是地方政府要求增加建设内容。某市委、市政府决定在公园主出入口区域增建湿地公园文化创作基地，影响了工程建设，也导致了湿地监测和监测场地无法落实，使项目不能按计划完成。发现上述问题后，按照项目资金管理的有关规定，督促实施单位积极与有关部门沟通，多渠道筹措资金，按要求落实配套资金，使2011年度项目于2014年年底完成，2013年度项目计划于2015年6月底前完成。

(三)抓业务培训和信息建设

组织系统有关市、县财务人员，重点就防护林项目稽查工作要求进行了培训，并将培训教材发到各个被查的项目实施单位，由各项目实施单位进行学习和对照检查，收到了较好的效果。同时，根据基金总站对林业资金稽查监管信息系统建设要求，开展了信息化建设的前期筹备工作。

二、主要经验与做法

(1) 加强组织领导，建立稽查体系。省级将资金稽查工作列入省林业基金管理中心的一类工作职责，并由省稽查办具体负责，每年组织制定和实施稽查计划，将稽查结果纳入省林业厅对各市林业局年度工作责任状目标考核；各市、县(市、区)及项目建设单位配备专人具体负责林业项目建设管理，并配合稽查工作。全省形成了“上下联动、齐抓共管、责任追究、绩效奖励”的项目监管体系。

(2) 创新稽查方式，提升稽查合力。为充分发挥地方项目管理力量，提升稽查工作合力，浙江省林业资金稽查办推行了“交叉检查”方式，对2011－2012年度防护林项目进行了稽查。具体方法为：根据“优秀带落后，落后向先进学习，检查与被查相结合”的原则，抽取10个县(市、区)(其中5个县同时也是被查单位)的10名财务主管，组成5组稽查组进行全省稽查，既加强了县(市、区)与县(市、区)之间的经验交流，又提高了县级财务管理人员的项目管理水平。下一步，将采取引进中介组织参与稽查和内外共查相结合的方式，进一步优化稽查方式。

(3) 加强业务培训，提高管理水平。通过对参与稽查的财务人员统一进行培训，讲解被稽查项目的相关内容和稽查中应注意的事项，交流工作经验和分配落实稽查任务，全面提高各项目县(市、区)的项目资金管理水平。

(4) 督促落实整改，保障稽查实效。列入省稽查办稽查的项目均要求做到“四个有”，即：有检查记录、有意见交换、有问题反馈、有当事人签字盖章，并在稽查结束后，对存在问题的项目统一发出整改通知，要求各地限期整改并报告整改结果，保障了稽查工作成效。

三、林业资金运行状况分析

(一) 林业资金使用与管理现状

近些年，浙江省林业专项资金的监管力度进一步加大。林业部门加强了林业项目建设的培训、检查和存在问题的督促整改等工作，项目的实施和资金的使用管理都日趋规范。财政和审计部门也加大了对林业系统专项资金的检查和审计力度，促使各级林业主管部门更加重视林业资金的管理。检查发现，大部分县(市、区)都高度重视林业项目建设。在项目建设管理方面，加强了项目实施的领导，成立了项目领导小组，落实建设主体，确定专人负责，使项目从申报到实施到竣工验收等，做到人员到位、责任到位、措施落实；在项目财务管理方面，遵照相关项目资金管理制度进行专账管理、单独核算、专款专用，保障了林业专项资金使用的合规性与安全性。

（二）存在的主要问题

（1）部分项目地方资金投入不到位或不能体现。部分县（市、区）的县级财政配套资金未按要求到位；个别县（市、区）以农民工投工投劳作为自筹资金，但无相关手续或手续不完善，无法体现投劳折资额；部分地区将防护林项目与当地的绿化项目统筹规划，造林任务统筹在当地的绿化任务中，县级财政资金统一由当地财政拨至乡（镇）或造林单位，防护林项目的配套或自筹资金无法单独体现。

（2）未能按基本建设管理要求进行会计核算管理。多数地区的防护林项目未按基本建设要求单独建账或建备查账；建立的备查账所附的原始凭证资料不齐全；个别地区虽通过专账核算，但资金支出的凭证不健全，例如：只有苗木发票，而未附苗木清单、采购合同、验收资料等相关附件。

（3）降低国家封山育林补助标准。国家林业局按人工造林 300 元 / 亩、封山育林 70 元 / 亩补助标准下拨资金，而检查中发现，个别县（市、区）封山育林标准 2011 年为 l0 元 / 亩、2012 年为 l5 元 / 亩，均低于国家要求补助标准。

（4）项目资金未使用或使用进度缓慢。检查发现，个别县（市、区）造林任务已完成，但资金拨付进度缓慢，或是造林所需资金虽已拨付但存在结余。

（5）有的项目实施管理还不规范。不规范主要体现在：造林项目未按要求编制作业设计；实施方案中建设地点或建设规模变更，未按规定上报审批；大部分项目未实行项目监理制，或虽有监理单位但无规定的资质。

（三）存在问题的主要原因

（1）投入标准过低。随着经济社会发展，造林种苗、材料、人工等费用不断上涨，浙江省营造林成本持续升高。目前，浙江省山地一般造林平均每亩需 819 元，基岩造林每亩需 1056 元，平原造林每亩需 4077 元，沿海基干林带造林平均每亩在 5203 元。补助标准与实际造林成本相差较大，营造林投入补助政策和客观实际需要严重脱离，不足以充分调动基层造林的积极性。

（2）土地政策还需突破。浙江省人多地少，特别是沿海地区人口更加稠密，土地稀缺，工程建设地块落实难度很大。落实造林任务主要是在于平原造林，首先需要解决土地问题才能开始造林。目前土地租金高，老百姓不愿出租土地进行造林，而且还面临土地租期满后如何续租护林等问题。因此，需要对造林项目出台相关的政策进行扶持。

（3）地方重视不够。部分地区尤其是财政困难地区政府，对绿化不够重视，财政配套资金无法落实，也给圆满完成造林任务带来一定困难。各地主管部门也存在认识偏差，重完成造林任务，轻项目程序管理，虽然大部分地区都完成了造林任务，但相关的资料不健全、建设程序不规范。

（4）技术力量薄弱。随着机构改革的逐步推进，林业相关技术人员逐步流失。特别是平原地区，没有专门的林业局，从事林业的人员寥寥无几。由于人员的不足，使得好多林业工作人员无法到达现场，无法亲力亲为，无法及时、准确地掌握相关数据。

四、对策与建议

1. 提高补助资金标准

目前的补助标准与实际造林成本差额较大，部分财政困难地区无力安排财政资金支持，老百姓不愿投工投劳至绿化造林项目建设中，造成部分地区落实造林任务难。而在造林成本更高的平原地区，按当前浙江省800元/亩的平原绿化补助标准，若购买大苗木则不够支付苗木款，而若购买小苗木则存活率不高，造成资金的不足，也给地方落实造林任务增加了困难。因此，需提高造林的资金补助标准。

2. 取消县（市、区）配套资金

由于承担防护林等项目的地区大部分是贫困地区，地方财政困难，建议取消县（市、区）25%配套比例的要求，由各地区按当年绿化任务安排造林资金。

3. 取消项目监理的要求

由于造林属林业专业性技能，且分不同林种，即使有资质的监理单位也未必能进行有效监理，且林业主管部门或乡（镇）技术人员定期进行检查，在造林资金紧张的情况下，监理费用无疑是一笔不小的开支。因此，是否有必要对项目监理做强制要求值得商讨。

4. 增加第三方机构验收环节

部分县（市、区）邀请了第三方机构对项目进行验收，以保证验收数据的准确和公平。这与多数地区由林业主管部门自行组织验收不同，一方面保证了验收数据的可信服度，另一方面，尤其在林业人员很少的机构中，也给林业人员减轻了压力。验收环节引入第三方机构值得推广。

宁波市2014年度林业资金稽查监管地方报告

2014年，宁波市林业资金稽查工作紧紧围绕全市林业建设大局，认真组织开展工作，为保证资金安全运行、项目有效实施、行业财务管理水平提高发挥了积极作用。

一、稽查监管机构基本情况

宁波市林业资金稽查工作职责由市林业局办公室（计财处）承担，无专职稽查人员，自身机构的稽查办力量比较薄弱。局本级及直属单位的日常财务监督、内审等事项由各单位的财务人员交叉实施，专项检查通过借助各县财务人员或委托社会第三方机构进行。

二、稽查监管职责履行情况

根据国家林业局《林业资金稽查监管年度报告制度（试行）》的有关要求，同时结合全国涉农资金专项检查的机会，在各地自查的基础上，宁波市林业局组织人员对宁波市2014年度林业资金进行了稽查，重点抽查了生态公益林补偿、“森林宁波”建设、林业贷款贴息等3个专项和中央林木种苗基建项目1个，资金1.52亿元。

1. 生态公益林补偿

随着政府对生态的日益重视，宁波市的生态公益林补偿标准逐年增加。2014年，基本标准达到每亩35元，重要饮用水源地公益林补偿标准为每亩45元，资金总量超过1.2亿元，涉及林农近17万户。近年来生态公益林补偿一直被市财政列入重点绩效考核项目。

2.“森林宁波”建设

2011年起，宁波市在“十一五”沿海防护林体系建设的基础上，深化整合项目和资金，开展“森林宁波”建设，涵盖海岸基干林带、珍贵树种造林、森林抚育补助、森林村庄(公园、观光园)创建等，市财政每年投入资金2000万元。

3. 林业贷款贴息

林业贷款贴息项目近年来受到各级财政、审计部门的重点关注，宁波市林业部门对此不敢忽视、常抓不懈。通过认真总结以往发现问题的经验教训，重点抓住银行贷款和资金使用这两个环节，加强审核监督，积极与金融部门征信系统进行有效对接，努力建立林业、财政和金融部门共同参与、分工协作的联合监管机制。

4. 中央林木种苗基建项目

宁波市林场珍贵与高山树种良种基地是近年来宁波市投资最大的单项林业基本建设项目，批复总投资2880万元，其中中央投资1150万元。建设期2014－2016年，2014年中央投资到位200万元，地方配套到位460万元。

从稽查的结果看，宁波市林业资金的使用管理基本规范，没有发现违法违纪违规的现象。农民补贴全面公示、及时发放、一卡到户；贴息项目真实可信、效益明显；基建项目严格遵守基本建设程序，遵守政府采购及招投标管理规定，年度配套资金落实。

三、存在的主要问题

中央林木种苗基建项目进度缓慢，目前尚在初步设计批复阶段。究其原因，既有中央投资到位偏晚，也有林业项目建设的习惯思维所致。项目单位一直认为林业种苗工程本来就是生态项目，土地也是林场自有土地，所以在土地审批和环保评估方面就忽视了。以前类似项目确实也能通过，但现在发改部门对项目的审核管理日益严格和规范，导致该项目的初设审查第一次没能通过。现在虽已经补充完成土地审批和环评材料，但还需要等待各个环节的法定时间。

四、主要经验

要从思想上和操作上更加重视林业基本建设项目的程序和环节，转变以往粗放的管理思维和方式，积极适应项目建设和管理的新形式。

五、工作建议

(1) 组织业务培训、加强业务交流。建议基金总站定期组织林业资金稽查业务培训，加强各地业务交流，更好地提升业务能力和服务水平。

(2) 创新工作机制、改进工作方式。近年来，在大的政治和社会背景下，各级各部门都在加强农业资金的监督与检查，基层林业部门对林业项目和资金使用管理愈加认真重视和逐步规范。新常态下如何建立监管机制、整合监管资源、降低监管成本、减轻基层压力，是林业稽查部门应该思考的问题。

安徽省2014年度林业资金稽查监管地方报告

2014年，安徽省林业重点工程稽查办公室围绕“突出重点、以点带面、讲究实效”思路，动员全省力量，重点组织完成了2011至2013年度全省林业项目贷款自查自纠和重点稽查，并联合财政和银监会，强化稽查整改。全年共自查、抽查2011－2013年度林业贴息贷款林业贷款项目628个、林业贴息贷款额582749.36万元，其中项目533个、贷款482715.5万元，小额5785人、贷款100033.86万元；财政贴息资金25863万元，其中中央财政24163万元、省财政1700万元。通过稽查整改，已追回违规财政贴息资金2002.34万元，圆满完成年度工作任务。

一、稽查监管职责履行情况

（一）制度建设

一是完善林业贷款项目档案管理制度。安徽省进一步完善了林业贷款项目档案管理制度，要求各级林业主管部门确定专人负责林业贴息贷款项目档案工作，妥善保管从计划申报到财政贴息资金申请等全过程材料。

二是规范林业贷款项目实施检查验收制度。明确专人进行验收，验收单位要签章，验收人要签字。林业主管部门申报林业贷款贴息补贴资金，要将实际完成工作量与可行性报告或项目建议书计划工作量对比。

三是建立林业贴息贷款信息公示制度。安徽省林业贷款从项目计划、贴息资金申报到林业贷款项目计划和财政贴息资金下达均在省林业信息网上进行公示。2010年起，项目所在地的县（市、区）林业、财政部门及有条件的乡（镇）对林业贷款财政贴息资金分配情况进行张榜公示，接受社会监督，确保公开、公正、透明。

（二）林业项目贴息贷款自查抽查开展情况

一是统一布置。为保证林业项目贴息贷款稽查的统一和准确，专门下发的稽查通知明确了稽查范围、时间、程序、整改措施等要求，并设计了统一表格，分年度、分类别、分项目全面反映检查工作具体内容。各市、县（市、区）结合实际制定了具体稽查方案，成立了稽查查领导小组，由政府牵头组织检查，保障了稽查有力有序推进。

二是全面检查。各地对 2011 － 2013 年所有林业贴息贷款项目（包括小额贴息）的贷款真实性、贷款及贴息资金用途、项目建设完成等情况进行了全面检查，检查面达到了 100%。各市采取听汇报、查阅相关档案和账簿、核对贷款原始凭证资料、实地核查项目实施、抽取部分造林小班资料核实项目验收报告等形式，对所属县（市、区）进行了抽查，有的市专门聘请社会中介机构对所属县（市、区）进行检查。各市抽查面均超过各县（市、区）项目个数的 50%，省级对部分县（市、区）进行了重点抽查。通过检查，全面了解和掌握了安徽省林业贴息贷款项目真实情况。

三是限期整改。2014 年 7 月下旬，对自查情况进行了重点检查。根据重点检查结果，安徽省再次印发了《关于进一步做好林业贷款贴息补贴使用管理检查工作的通知》，要求各地扎实推进专项检查，限期落实整改，对查出的违规资金统一收缴市、县（市、区）财政暂存，并按照国家统一规定处理。

四是完善措施。通过检查，正视问题，强化了责任意识，各地着手从加强项目管理和资金监管方面完善制度措施，建立健全长效机制，确保林业贷款和财政贴息资金安全运行，切实提高林业贷款贴息补贴资金使用效益。为了规范项目申报，2014 年安徽省将林业贷款贴息项目纳入全省财政涉企信息系统管理，通过比对核实，进一步完善对企业基础信息真实性管理。

（三）贴息资金使用成效

一是增加了林业投入。通过发挥林业贷款贴息补贴资金导向作用，吸引金融资本和社会资本投资林业，一定程度上缓解了林业产业融资难、融资贵的矛盾。2011 － 2013 年，通过林业贷款贴息补贴项目，安徽省林业产业共争取资金投入 129.0635 亿元，其中：金融信贷资金 58.2749 亿元，企业和个人资本投入 68.2023 亿元，是同期财政贴息资金的 50 倍。

二是培育了森林资源。2011 － 2013 年，安徽省林业贷款项目新造毛竹、杨树、杉木、松树、泡桐等速生丰产林 89.6 万亩，抚育中幼林 189 万亩次；新造、改造油茶、山核桃、香榧等木本油料林 121.2 万亩，调整、丰富和优化了安徽省林种树种结构。

三是扶持了龙头企业做大做强。2011 － 2013 年，安徽省通过扶优扶强，加大对林业龙头企业的扶持力度。已投产的林业龙头企业积极发展多种经营项目，据不完全统计，2011 – 2013 年共创产值 9.97 亿元，创利税 1.89 亿元，安置就业人员 2.3 万人，带动农户 28 万余户，农户直接增加收入 8.8 亿元，较好地发挥了示范带动作用，实现了企业发展、财政增收和农民致富。

四是推进了林业产业发展。安徽省林业总产值从 2010 年的 715.4 亿元增加到 2011 年的 1171.8 亿元，2012 年达 1600 亿元，2013 年达 2059 亿元，增速分别为 64%、37%、29%。林业贷款及贴息资金对安徽省林业产业持续发展起到了一定的推进作用。

二、存在的问题及原因分析

（一）林业贷款方面

这方面的问题具体为六种类型，即：虚假贷款、以少报多的贷款；虚报贷款期限的贷款；提前还款的贷款；修改贷款时间的贷款；变更贷款主体的贷款；修改贷款用途的贷款。主要原因：一是经办人员责任心不强、审核把关不严；二是工作机制不完善和不配套，相关部门核实贷款真实性有一定难度；三是项目单位在办理贷款时手续不规范；四是项目单位的申报材料与金融机构对贷款的一些具体业务规定和要求不完全相符。

（二）贷款使用及任务完成方面

安徽省林业贷款使用核算及未完成项目任务涉及的贷款 12500.8 万元，贴息资金 381.511 万元。其中：贷款未投入项目（含核算不清）和未全额投入项目的贷款 6650.8 万元，贴息资金 202.411 万元；未完成项目任务量的贷款 5850 万元，贴息资金 179.1 万元。主要原因是：有的项目单位申报计划任务过大，不切合实际；有的项目单位造林成活率低，验收不合格；有的项目单位管理不善，企业倒闭。

（三）项目管理和实施方面

一是申报材料不科学。有的项目单位为顺利通过申报，可行性报告建设内容未涉及附属工程、项目规模过大、营林成本估计过低，以至于实际实施过程中，不能全部完成项目建设规模和内容。二是档案资料不完善。有的项目单位对林业投入财务核算不健全，部分企业未建立林业贷款项目专账或备查账，会计核算不规范，未能详细分清贷款资金投入使用情况。

三、稽查整改情况

针对查出的问题，安徽省高度重视，省级相关部门多次会商和研究整改措施，并要求相关市、县（市、区）正视问题严重性，提出处理意见，明确整改措施，责令企业限期整改，对继续弄虚作假、隐瞒不报的企业依法依规从严处理。

（1）追缴财政贴息资金。已追回违规财政贴息资金 2002.34 万元。

（2）列入黑名单。将虚假贷款、以少报多企业列入黑名单，取消相关企业林业贴息贷款项目申报资格。

（3）取消评选资格。取消相关单位林业龙头企业评选资格。

（4）采取司法强制措施。对未按时完成整改任务的建议移交司法机关，通过司法途径追回财政贴息资金。

（5）跟踪整改落实。继续督促企业和个人制定详细整改措施，明确责任人和完成时间表；未完成项目任务的单位要加快建设进度，继续完成项目任务量。督促项目单位全面建立林业贴息贷款备查簿。省有关部门将适时开展整改情况“回头看”，确保林业贷款贴息补贴使用管理情况专项检查成果落到实处。

四、对策与建议

（1）加强财政涉企信息系统管理。加强对申报单位《项目信息采集表》的比对，认真审核预警信息和项目筛查，防止虚假申报等违规现象发生，提高财政贴息资金使用效益。

（2）加大林业贷款项目真实性核查力度。项目单位林业贴息贷款申报时必须提供相关原件，贷款合同、借据、利息单等资料原件，由县级林业部门严格审核并加盖审核章后退回，每笔贷款须附银行盖章的征信报告原件。

（3）完善林业贷款项目检查验收制度。建立林业贷款项目申报评审、项目期中和竣工验收以及项目绩效考核制度，及时剔除不符合要求的林业贷款贴息补贴项目。

（4）规范林业贷款项目会计核算。加大对林业贷款项目会计核算的指导与监督，对会计核算不规范的单位责令及时整改到位。在下拨林业贷款贴息资金前，要求项目单位必须通过会计核算规范性审查，确保林业贷款及贴息资金专款专用。

福建省 2014 年度林业资金稽查监管地方报告

一、稽查监管职责履行情况

（一）加强林业资金管理制度建设

2014 年，福建省林业厅制定下发了《关于加强省级财政专项资金管理的通知》、《关于建立省级林业专项资金项目库的通知》、《关于规范营造林项目补助资金发放指导意见的通知》等资金管理办法，会同财政厅印发了《关于加强福建省森林资源补偿费征收使用管理的通知》和《福建省林业贷款中央财政贴息补贴资金管理实施办法》，草拟了《中央和省级林业专项资金管理实施细则》（初稿），进一步健全了管理制度，确保资金管理更加科学规范。

（二）组织开展资金稽查监管

一是开展 2013 年度林业资金检查。2014 年，福建省林业厅重点选择林下经济利用补助、生物多样性及保护区建设、森林病虫害防治、防护林工程、木材战略储备基地、40% 返回县（市、区）的森林资源补偿费等 6 个项目开展资金稽查工作。在各县（市、区）自查和设区市抽查的基础上，福建省林业厅组织检查组，抽查了项目资金量较大的 6 个县（区）林业资金使用管理情况，及时将检查情况进行通报，对发现的问题责成有关单位按时进行整改，进一步规范林业专项资金使用。被抽查的 6 个县（区）2013 年度重点稽查项目资金总计 9672.5 万元，项目资金到位总计 6500 万元，综合到位率 67.20%。二是加强内部审计。组织开展对省林业科学研究院、省林业科技试验中心、省林业调查规划院下属福建绿园林业技术咨询有限公司等单位的财务收支审计，审计资金共计 1.78 亿元，提出了加强管理等切实可行的建议 23 条，并督促限期整改，促进了被审单位内部管理，达到“一审、二帮、三促进、四提高”的目的。三是强化项目管理。配合厅有关处（室）开展良种基地建设、自然保护区建设、森林火灾、农业综合开发等项目竣工验收工作，确保项目顺利完成。四是组织开展林业项目基本建设贷款中央财政贴息资金自查自纠工作。根据国家林业局的要求，对 2013 － 2014 年林业基建贷款项目和贴息资金的使用情况进行自查。自查结果显示：3 个项目单位林业基建贴息贷款管理工作能按照财政部《基本建设贷款中央财政贴息资金管理办法》的要求，规范运作，较好地发挥了贴息资金使用效益，未发现项目单位存在违规的情况。五是做好林业贷款中央财政贴息补贴资金专项检查。根据财政部、国家林业局及银监会的要求，福建省林业厅会同省财政厅、福建银监局对 2011 － 2013 年度林业贴息贷款项目及补贴资金进行自查，对发现的问题认真进行整改。通过自查，共发现以少报多、虚报贷款期限等项目贷款 7590 万元，追缴贴息补贴资金 323.15 万元。此外，近几年来各地在发放贴息补贴资金时，加强了林业小额贷款的审核把关，2011 － 2013 年累计发现提前还款等贷款 17156.82 万元，县级财政、林业部门共核减贴息补贴资金 246.4 万元。六是配合做好相关检查。配合省审计厅开展了 2013 年预算执行情况审计和厅主要领导任期经济责任审计，配合省人民代表大会常务委员会开展了 2013 年林业专项资金使用情况检查，针对提出的问题，分别研究提出了整改措施；配合驻厅监察室做好有关单位信访举报件的初查核实工作，配合省审计厅到部分县 (市、区) 开展延伸审计。

二、存在的主要问题

通过检查，发现个别基层林业部门或项目建设单位主要存在以下几个方面的问题。

1. 项目资金到位率偏低

从检查的情况看：稽查项目资金综合到位率仅为 67.20%，部分县级财政部门未按规定及时足额拨付资金。资金到位滞后严重影响了项目实施进度和资金使用效益。

2. 资金支出进度较慢，影响资金使用效果

有些项目虽已实施完成但未及时办理检查验收手续，或者项目因付款依据尚不充分而无法办理资金支付手续，导致部分项目资金结余较多。

3. 会计基础工作不够规范

这主要表现在：①个别县林下经济利用补助和森林病虫害防治专项资金未按资金来源渠道和年度设置明细账核算。②资金支付手续不齐全。例如：用森林病虫害防治资金支付清理枯死木人员劳务费时未附验收和领用人员的有关身份证明材料等。③资金以拨代支。项目资金分解到乡（镇），未在林业局开支，不利于监督。此外，个别县财务审核流于形式，财务部门没有对支出进行严格审核把关，只是凭局领导签字报支。

三、2015 年工作计划

2015 年，福建省林业厅将认真按照资金管理的有关规定，抓好林业资金监督检查工作，重点做好以下三个方面的工作。

1. 健全制度，规范林业资金和项目管理

针对林业资金运行中发现的问题，督促有关单位及时制定完善专项资金管理制度和项目管理办法，确保资金使用规范、项目管理到位；严格执行项目与资金管理的有关规定，加快项目实施进度，确保项目成效，及时组织项目检查验收，尽快办理资金支付手续，加快支出进度，发挥资金使用效益，保障林业事业发展。

2. 加强培训，提升稽查人员业务水平

为进一步提高林业资金稽查工作的效率，福建省林业厅将开展财经法律法规、廉政建设规定、财政投资政策、资金管理规定、会计核算办法等方面的知识继续教育和培训，同时，组织稽查业务骨干下基层调研交流，了解掌握林业工程建设的实际情况，加强对项目资金全过程的监管，不断提升稽查人员业务工作水平。

3. 完善机制，加大林业资金稽查力度

2015 年，福建省林业厅将进一步完善林业资金稽查机制，明确年度资金稽查的目标任务，选择部分补助资金量较大的县（市、区）开展资金重点检查，并对检查中发现的问题及时督促整改，切实规范资金的使用和管理。同时，继续加强内部审计工作，选择部分厅直属单位开展财务收支审计和专项审计，争取各单位每三年均能开展一次内部审计。

江西省2014年度林业资金稽查监管地方报告

一、稽查监管职责履行情况

（一）重点项目专项稽查

1. 2013年度中央财政林业科技推广示范资金项目绩效评价工作

根据《中央财政林业科技推广示范资金绩效评价暂行办法》(财农〔2011〕3号)、《江西省中央财政林业科技推广项目示范资金项目绩效评价实施办法（试行)》(赣财农〔2011〕55号）和《关于开展2014年中央财政林业科技推广示范资金项目绩效评价工作的通知》要求，江西省林业资金稽查办与厅科技处联合对20个中央财政林业科技推广示范资金项目进行了绩效评价和财务审查。针对项目实施存在的问题，检查组及时向项目管理部门进行了反馈，要求项目实施单位采取措施，进行整改。

2. 全省林木良种基地建设项目核查验收工作

根据国家林业局《林业建设项目竣工验收实施细则》(办计字〔2005〕31号)、国家林业局《林木种苗工程管理办法》(林场发〔2001〕533号)、省林业厅《江西省林业建设项目竣工验收实施方案》(赣林计字〔2006〕184号)和《江西省林木种苗和林场管理局关于开展林木种苗工程项目检查验收工作的通知》(赣林造字〔2014〕49号）的要求，江西省林业资金稽查办与省种苗局联合对7个林木良种基地项目进行了核查验收工作。

3. 全省湿地保护工程资金稽查工作

为加强对江西省湿地保护与恢复工程建设项目资金和中央财政湿地保护补助资金的监管，确保资金合法、安全、有效使用，促进湿地保护项目顺利实施，根据国家林业局林业基金管理总站《关于开展天然林资源保护工程二期和湿地保护工程资金稽查的通知》(林基稽〔2014〕12号)精神，江西省林业厅高度重视，结合本省实际，制定并印发了《江西省林业厅关于开展湿地保护项目资金稽查的通知》（赣林函字〔2014〕52 号），稽查范围扩大为 2010 － 2013 年度，采取项目实施单位全面自查与省厅组织重点抽查相结合的方式开展了资金稽查工作。一是要求全省 2010 － 2013 年度 17 个湿地保护项目实施单位开展自查，并将自查情况上报省林业厅。二是根据自查情况，制定了《湿地保护项目资金的检查方案》，由厅计财处、厅稽查办、厅湿地办组成 2 个联合检查组，完成了对 10 个项目实施单位的重点抽查，形成了稽查报告报厅领导审阅，对存在问题的项目单位下达了整改通知，最后把汇总报告和整改情况一并报国家林业局林业基金管理总站。

4. 农业综合开发林业项目的检查工作

根据国家农业综合开发办公室和国家林业局的要求，为进一步规范完善农业综合开发林业项目管理，由厅油茶办、省林学会、厅稽查办联合组成专项核查组，对 2013 年度农业综合开发林业项目实施情况进行专项核查。核查范围包括《江西省林业厅关于对 2013 年度农业综合开发林业项目实施方案的批复》（赣林造字〔2013〕308 号）中的农业综合开发生态示范项目和农业综合开发名优经济林等示范项目，以及往年尾欠的农业综合开发油茶项目，共涉及 10 个设区市 32 个县（市、区）的 43 个项目实施单位，面积 8.6 万亩。

核查组通过查阅项目资料、审阅财务资料、实地查看等方式，了解了各项目单位计划任务完成情况、实施质量、资金及档案管理的情况，并对项目实施过程中存在的问题提出了检查意见及建议。

5. 参加林下经济项目 2013 年绩效评价工作

根据江西省林业厅办公室《关于开展省级林下经济发展重点县 2013 年项目绩效评价工作的通知》（赣林办发〔2014〕80 号），依据考评办法，主要对重点县实施方案制定情况、项目管理情况、资金管理情况、项目组织情况、项目完成情况、项目效益情况和违规违纪情况等进行绩效评价。本次绩效评价工作由厅林改处、厅稽查办组成 3 个小组，分别对 10 个重点县进行了评价，对存在的问题提出整改意见，并形成绩效评价报告，上报有关部门。

（二）典型案例

案例一：某国家级自然保护区管理局，湿地保护与恢复工程建设项目中新建湿地生态宣教中心，计划安排中央资金 160 万元，实际使用中央资金 588 万元，超概算支出 428 万元，导致其他建设内容不能完成。省厅已印发整改意见。

案例二：某自然保护区管理局 2011 年湿地保护补助资金中水生植被恢复，计划资金 129 万元，主要用于人工采集种子和种子培育等支出，实际支出 214 万元，实际用于管理局各个保护站的调查、巡护、租船和燃油费等支出，导致水生植被恢复任务没有完成。省厅印发整改意见，已整改到位。

（三）培训与宣教

2014年，连续举办全省林业财务人员培训班3期，培训对象为厅直属单位人员、各设区市、县林业财务人员和场圃财务人员及部分重点贴息企业财务人员，培训人数近260人。

（四）信息化建设

1. 制定林业政务信息工作考核奖励办法

根据省林业厅年度工作目标考核和《全省林业政务信息记分办法（试行）》的规定，为进一步调动全办职工做好林业政务信息工作的积极性，提高宣传工作的水平，省林业资金稽查办制定林业政务信息工作考核奖励办法。

2. 全年林业政务信息工作完成情况

2014年，江西省林业资金稽查办在《江西林业网》发表信息13条，在“国家林业局林业基金管理总站网”发表21条。

（五）稽查成效

2014年，省林业资金稽查办累计派出13个稽查组28余人次，对5个林业项目92个实施单位资金进行了稽查，累计稽查资金3.04亿元。总体上发现，经省林业资金稽查办稽查过的项目，各项目单位资金使用比较规范，账务处理比较及时，基本做到了专款专用，按项目批复计划使用资金。

二、主要做法和经验

省林业资金稽查办顺应新形势，适应新要求，积极拓展稽查新领域，尽职完成新任务。2014年，林业稽查工作由常规性项目财务检查逐步转变为以项目绩效评价为主。

1. 常规稽查与绩效评价对比分析

常规稽查主要检查项目的会计资料，重点评价项目会计核算的规范性和资金使用的合法性；绩效评价是对项目实施全过程的定性与定量相结合的综合评价，绩效评价主要内容是方案制定情况、工程管理情况、资金管理情况、组织管理情况、项目完成情况、项目效益情况和违规违纪情况等。

2. 绩效评价的优点

一是扩大了检查的内容，二是实现了内业资金检查和外业实物检查有效结合，三是加强了部门之间协作。开展的预算绩效评价试点工作为今后实施预算绩效管理积累了经验，奠定了基础。因此，江西省林业稽查工作今后的重点是林业项目的绩效评价。

三、林业资金运行状况分析

（一）林业资金使用与管理现状

通过几年的稽查和培训，各实施单位对项目的实施和资金使用都日趋规范，大部分项目县和项目单位都很重视林业项目建设：一是重视组织建设，成立项目领导小组，发挥项目监督作用；二是重视制度建设，制定项目实施中的各项管理制度，发挥项目制度保障作用；三是重视资金管理，规范资金使用和会计核算工作，建立健全内控机制。2014 年，江西省在林业资金使用中基本做到了专账管理，专款专用，没有发现严重的违法违纪问题。

（二）存在的主要问题

1. 项目建设进度有的较慢

在项目检查验收时，有的项目单位和项目县未按计划进度完成建设任务，有的项目未及时按项目计划拨付使用资金。

2. 管理制度不够健全

项目实施单位有的未建立相关管理制度或有制度但不完善。例如：项目管理制度、项目管理财务制度、招投标制、工程监理制、合同管理制和政府采购制度等。

3. 初步设计有的缺乏科学性

项目初步设计缺乏科学性，建设内容不切合实际，项目实施单位常有申请变更批复情况，个别单位也存在擅自变更行为。

4. 会计核算水平比较低

中央资金和省级资金都要求县级报账制和建立专账、单独核算，但有的项目单位未完全认真执行到位。

5. 项目档案资料不够完整

项目的档案资料是项目的载体，完善的档案资料体现项目管理水平。有些单位在项目档案资料整理方面还存在不足。

（三）存在问题的主要原因

（1）项目前期工作不够到位，缺乏项目前期的科学论证，造成项目实施过程中存在更改现象。

（2）项目法人意识不够强，用传统思维理念处理日常事物，造成计划执行不够严谨。

（3）项目单位管理制度不够健全，造成个别项目资金使用存在窜用现象。

四、对策与建议

1. 充分运用林业稽查成果加强项目管理

一是应及时通报稽查中发现的问题，各主管单位和主管部门应督促整改。采取谁主管、谁实施、谁负责的机制。

二是在下年度资金安排时应结合稽查成果，对项目资金管理使用违规情况严重的单位和项目县，考虑是否核减资金或停止安排项目。

2. 将目前在项目实施完成后的事后检查，改为事前参与了解、事中指导服务、事后总结提高的工作机制

一是在项目立项时或项目前期论证工作时，要让稽查人员参与旁听，让稽查人员事前充分了解项目的前期工作情况，以便在项目实施时及时有效地做好财务指导和培训工作。目前大部分是以纪检部门的人参与为主。

二是在参与事中指导服务过程中，要及时发现问题，及时消化处理问题，避免项目资金使用既成事实后难以改变的情况发生。

三是事后以总结经验为主，重点是能够帮助项目单位做好项目竣工验收和财产清理工作，指导做好登记固定资产账务工作等。

以目前的稽查方式，事后发现的大部分问题都难以整改或无法纠正。同时，目前稽查发现超预算现象严重，形成的固定资产没能及时登记入账。

3. 将稽查工作由被动转为主动

计划部门下达的项目年度资金计划应抄送一份给稽查部门，以便稽查部门更好地提供前期财务指导服务工作，也便于稽查部门主动性地安排年度稽查计划。

目前的稽查工作开展较被动，都是各业务部门发出邀请才知道有什么样的项目，也只有这时才能被动地去参加所谓的检查验收及绩效评价，即便是发现问题也难以整改！

山东省2014年度林业资金稽查监管地方报告

2014年，山东省林业重点工程资金稽查办公室（以下简称稽查办）围绕全省林业中心工作，着力强化资金管理，着力提升服务水平，着力为林业建设提供优质服务和有力保障，使林业资金的稽查工作取得了良好成效。

一、稽查监管职责履行情况

（一）重点稽查及专项检查

1. 2011 – 2013年湿地保护工程资金稽查情况

根据国家林业局《关于开展天然林资源保护工程二期和湿地保护工程资金稽查的通知》文件精神，山东省林业厅组成由稽查办、计财处、保护站等单位参加的联合检查组，对全省2011 – 2013年度湿地保护工程中央预算内投资项目和中央财政湿地保护补助资金项目的情况进行了重点稽查。稽查范围涉及10个县10家单位，稽查项目12个，资金3985万元。

实地稽查内容为：①建设任务分解、投资计划下达及资金拨付到位情况，稽查有无擅自变更投资计划，截留、滞留、违规抵扣项目资金等现象。②资金使用管理情况，包括财务制度完善程度及执行情况、资金落实情况、实际支出情况等，稽查是否存在虚报、冒领、挤占、挪用资金等违纪违法问题。③会计基础工作及会计核算情况。④项目完成（进展）情况。⑤项目管理情况，包括计划、审批、执行情况；制度建设情况，包括项目实施中“四制”执行情况；实行招投标、政府采购情况；档案管理情况等。⑥项目效益情况，主要是稽查项目目标完成程度、质量、及时性、有效性，经济、生态和社会效益实现情况，可持续影响等。

从检查情况看，项目单位均成立了工程领导小组，统一协调各有关部门开展工作。项目建设过程中，在资金管理、工程管理、检查验收、工程建设等方面都建立健全了相应的管理制度，并做到了分工明确、责任到人，确保了项目建设顺利实施。项目资金都已按时足额拨付到位，各项目建设内容已基本完成。项目建设达到了预期建设目标。

2. 全省林业贷款贴息补贴专项检查情况

根据财政部、国家林业局、中国银行业监督管理委员会联合下发的《关于开展林业贷款贴息补贴使用管理情况专项检查的通知》要求，山东省迅速行动、周密部署、明确要求、强化措施，扎实推进检查整改工作，确保检查整改落到实处。

专项检查工作启动以来，山东省各级财政、林业和银监部门上下联动，密切配合，以检查为抓手，以整改为措施，以规范为目的，横向到边，纵向到底，不漏掉任何一个问题项目，结果检查整改工作取得实效。一是组织各市认真自查自纠。按照国家部署要求，山东省结合实际，及时下发了《关于开展林业贷款贴息补贴使用管理情况专项检查的通知》（鲁财农〔2014〕28 号），要求各市财政局会同林业局、银监分局，以林业贷款真实性、项目建设情况、资金使用管理情况、基础管理工作为重点，全面组织开展 2011 － 2013 年林业贷款贴息补贴专项检查工作。二是扎实开展省级重点检查。在各市开展自查的同时，稽查办与省财政厅农业处、山东银监局农一处组成联合检查组，深入项目建设一线，围绕贷款真实性、存续性、外业建设、档案留存、账务记录、支出明细和整改落实等情况，对贴息资金规模较大或存在问题较多的市、县进行了重点抽查。从 7 月份开始，省级工作组陆续抽查了潍坊、菏泽、济宁等 9 市 15 县的 40 个林业贷款贴息项目，涉及贷款 6.7 亿元、贴息资金 2217 万元。

通过检查发现，山东省林业贷款贴息补贴项目总体较为规范，但在个别部位确实存在不同程度的问题，涉及项目单位 19 家、贴息资金 734.4 万元、贷款规模 1.8 亿元，占 2011 － 2013 年度落实贷款总规模的 2.3%。

（二）信息化建设

稽查办平时注重将业务工作开展情况梳理成信息，及时在国家林业局林业基金管理总站网站发布。2014 年，向国家林业局报送信息 936 条，居全国同行业信息报送前列。

（三）稽查成效

2014 年，稽查办共派出 14 个工作组，历时 30 天，完成了两个重点工程项目 50 个单位 52 个项目的稽查工作，稽查涉及资金 6202 万元。发现违规资金 734.4 万元，并及时按规定全部收缴财政。通过开展林业资金稽查监管，提升了基层林业部门和工程实施单位的项目管理水平，提高了林业建设资金的使用效率，确保了林业资金安全。

二、林业资金运行中存在的问题

（一）工程进度缓慢

个别项目建设过程中，由于缺少工程建设专业技术人员，在施工质量管理等方面缺少经验，造成部分工程进度迟缓，影响了项目建设整体进度。

（二）林业贷款项目问题

存在个别单位虚报贷款信息、修改贷款用途问题。个别项目建设进度缓慢，项目成本核算不规范。在贷款审核上，受职能权限限制，林业主管部门难以将企业申报的贷款合同与银行留存的贷款合同原件进行比对，给从源头上核实贷款真实性带来了一定困难。

三、对策与建议

一是加大宣传力度，协调解决好湿地保护与周边农村社区生产、生活存在的矛盾，教育农民科学地进行农田生产，不过量施肥，不乱扔生活垃圾等，避免对湿地造成危害。

二是完善湿地保护管理制度，加大对湿地的投入，完善湿地保护基础设施、保护设施和办公设施设备，使湿地保护与恢复工程效益得到最大程度的发挥。

三是对违规骗取中央财政贴息资金的项目，坚决督促当地落实整改，并将项目单位列入负面清单，并在今后安排项目时实行调控。

四是对项目建设进度缓慢的，责令项目所在地主管部门与项目单位签订限期整改责任书，要求尽快采取有效措施，加快项目建设进度，确保尽快完成建设。

五是对项目管理不规范的，责令项目单位对项目建设涉及的所有支出及相关凭证进行整理，建立项目支出清单，独立核算，并分类归整档案材料，做到“账清”、“档整”。

青岛市2014年度林业资金稽查监管地方报告

一、稽查监管职责履行情况

（一）制度建设

2014年，市财政局、水利局、林业局、海洋与渔业局联合行文，印发了《青岛市生态补偿奖励补助资金管理办法》。

（二）重点稽查业务

（1）中央财政投资林业建设资金4928.7万元，分别是防护林工程2014年中央预算内投资1400万元、青岛市胶东半岛优良绿化树种繁育基地建设项目中央预算内投资385万元、青岛市林木种苗质量监督检验项目中央预算内投资100万元、2014年农业综合开发项目（2个）中央财政资金240万元、林业棚户区改造项目中央预算内投资49万元、2014年中央预算内林业基本建设投资510万元、中央级森林生态效益补偿基金1194.7万元、中央财政补贴资金1050万元(其中山东少海国家湿地公园湿地保护补助资金300万元、森林抚育补贴试点资金500万元、林业有害生物防治补助费250万元)。

（2）青岛市财政投资林业建设资金为30483.55万元，分别是大沽河生态建设补助投资、市级森林生态效益补偿基金、森林防火补助、林业病虫害防治、防火物资补助、义务植树补助、绿化博览会补助、林产品交易会、村庄绿化补助、森林消防队员补助等。

（三）专项检查

一是2014年森林抚育补贴试点资金500万元；二是青岛市2014年湿地保护补助资金300万元；三是2014年林业有害生物防治补助费250万元。

（四）典型案例

2014 年 8 月 5 日，配合国家农业综合开发办公室对 2012 年农业综合开发项目进行综合检查，发现某项目实施单位自筹资金（545 万元）尚有 25.16 万元未落实到位。针对检查中发现的问题，立即下发整改通知并督促整改，项目实施单位也能够认真进行整改。

（五）信息化建设

一是要求项目建设单位定期向市林业局报送项目建设情况，项目主管处（局）站和区（市）林业行政主管部门要定期对项目的年度投资计划执行情况、项目建设情况、资金落实和使用情况进行监督检查，并于每年的 12 月底以前，向市林业局报送本年度项目建设情况和资金使用情况的书面材料。二是将投资较大的项目纳入青岛市政府项目管理平台，坚持五日一报制度。

二、主要做法和经验

一是严格项目拨款程序，先由建设单位向市林业局报送拨款申请，再由项目主管处（局、站）进行初审，并出具初审意见，经项目分管领导审核，报局长审定后，申请市财政拨付。二是建立健全内部管理制度和约束机制，项目建设单位要足额落实项目配套资金，对不落实配套资金或没有足额落实配套资金的建设单位，今后两年内不予受理申报的林业项目。三是每年市政府稽查办公室将联合市财政局、市林业局进行林业建设资金执行情况稽查，发现问题责令建设单位限期整改，对整改落实不到位的，将收回财政资金。

三、林业资金运行状况分析

总体来说，林业资金运行状况良好，各类资金都能专款专用、专人管理、专账核算。单个项目实行项目法人负责制、招投标制、合同管理制和工程监理制等项目管理制度。项目建设单位为项目法人，法人代表对项目的全过程负责。在项目实施过程中，法人代表因故变动的，须进行离任审计。部门项目财政资金拨付及时，配套资金落实到位，项目进展顺利。

河南省2014年度林业资金稽查监管地方报告

一、稽查监管职责履行情况

2014年，厅计划财务处安排部署厅重点工程稽查办公室（以下简称厅稽查办）以下的稽查任务：重点开展农业综合开发2012－2013年林业项目资金的专项稽查工作，开展天然林资源保护工程二期、湿地保护工程项目等林业专项资金的自查工作，配合国家林业局重点工程稽查办开展天然林资源保护工程二期、湿地保护工程项目中央财政资金及中央林业预算内资金的稽查工作。

（一）农业综合开发2012－2013年林业项目资金的专项稽查工作开展情况

1. 厅稽查办于2014年年初举办了2012年、2013年农业综合开发林业项目管理培训班

培训对象为有项目的县及所在市的财务人员及项目管理人员，培训近200人次。通过这次有针对性的项目及资金管理培训，大大地提高了河南省农业综合开发林业项目的建设及管理水平，提高了财务人员的素质，为更好、更顺利地建设项目打下了基础。

2. 厅稽查办对2012－2013年农业综合开发林业项目建设情况进行了重点稽查

厅稽查办联合省财政厅，并组织厅造林处、省种苗站等业务部门于2014年9～10月组成稽查组，对2012－2013年农业综合开发林业项目进行了重点稽查，并出具了稽查报告。报告中不仅简述了稽查组织情况、建设项目情况、资金落实完成情况及档案管理情况等，还客观详实地评价了2012－2013年农业综合开发林业建设的资金管理及财务管理水平，通报了项目稽查中发现的问题，如个别项目造林成活率和保存率较低、少数项目的财政资金报账缓慢、个别项目单位财务管理不规范等，并要求其定期整改。通过这次稽查，河南省的农业综合开发林业项目建设及管理工作得到了一定的规范和提高，稽查成效十分显著。

（二）完成了对天然林资源保护工程二期、湿地保护工程项目等林业专项资金的自查工作

2014 年，厅稽查办加大了对重点林业工程资金的稽查力度。组织开展了对 2011 – 2013 年度中央财政资金及中央预算内资金安排的天然林资源保护工程二期、湿地保护工程等项目资金自查自纠工作，在自查的过程中发现问题及时整改。通过项目自查和稽查，对项目建设实施效果有了一定程度的掌握和了解，为以后的项目资金实施管理工作提供了经验，并在稽查过程中及时指出了其项目管理及资金财务管理中的问题，及时督促项目建设单位进行了整改，稽查效果明显，充分保证了林业专项资金使用效益的发挥。

（三）配合国家林业局重点工程稽查办开展天然林保护工程二期、湿地保护工程项目中央财政资金及中央林业预算内资金的稽查工作

2014 年 8 月，国家林业局重点工程稽查办对河南黄河中游洛阳孟津湿地水禽栖息地恢复工程建设项目、河南黄河中游三门峡库区湿地水禽栖息地恢复工程建设项目及洛阳、三门峡的天然林资源保护二期工程项目等 2011 – 2013 年中央预算内投资与中央财政补助资金的使用情况进行了稽查。在其稽查过程中，厅稽查办积极提供项目管理文件、项目建设实施材料，并协调各项目单位做好重点稽查的各项准备工作，保证了国家重点稽查工作的顺利进行。通过配合国家林业局重点工程稽查工作，进一步了解了河南省国家级自然保护区项目的建设成效：湿地项目的实施为湿地保护区野生动植物提供了良好的栖息地，同时项目建设改善了保护区的生态环境，在保护生物多样性、涵养水源、净化水质、降解污染物和为人类提供生产、生活资源等方面具有重要作用；天然林资源保护项目通过实施天然林禁伐，开展人工造林，加强森林管护等政策措施，使工程区内森林资源得到了恢复，森林保持水土、涵养水源等效益显著，水土流失面积逐年减少，局部地区生态与环境有了明显改善，生物多样性得以恢复。

通过稽查，也掌握了中央预算内资金的使用管理情况及保护区基础设施项目的建设情况及保护区项目建设中存在的问题，并帮助项目单位积极解决，保证了以后项目的顺利实施。

二、林业重点工程资金稽查工作发现的问题

1. 地方配套资金未落实到位，导致计划建设任务不能顺利完成

湿地项目要求地方配套资金数超过中央投资资金。地方财政落实配套资金较难，因此在项目实施过程中，由于地方配套资金不到位，导致其对应的原计划建设内容不能顺利完成。

2. 项目实施过程中协调难度大，建设进度慢

湿地保护区土地权属不明晰，缺乏相应的法律政策支持，协调难度大，项目进度慢。

3. 项目文档资料管理不够规范

稽查中发现个别项目的文档资料、工程资料整理不够规范或不够齐全，比如，基础设施项目的施工设计图、监理资料不够完整等。

三、工作建议

（1）降低地方配套资金的比例或者不要求配套资金，以保证中央预算内投资项目建设任务保质保量的顺利完成。

（2）建议国家加强对林业项目资金管理制度与办法的培训，提高基层财务人员及项目管理人员的素质，提高对项目建设的熟悉程度，以保证项目资金的顺利安全使用，充分发挥项目资金的使用效益。

湖北省 2014 年度 林业资金稽查监管地方报告

一、稽查监管机构基本情况

根据湖北省机构编制委员会（简称编委）鄂编函〔2004〕100 号精神，湖北省林业厅决定在省林业基金管理站加挂“湖北省林业厅林业工程资金稽查办公室”（以下简称稽查办）的牌子，实行一套班子、两块牌子。经湖北省人事厅批复，基金站（稽查办）参照公务员法管理，编制 6 人。

（一）工作职责

（1）贯彻落实国家有关林业工程资金和林业基金管理的方针、政策、法律、法规，研究制定有关措施管理制度，并监督实施。

（2）承担全省中央和省级林业周转金的管理和清理回收工作。

（3）负责组织对厅机关和厅直属单位预算执行情况、基建投资情况，以及对厅直属单位主要负责人的经济责任和离任审计工作。

（4）负责全省林业工程资金和林业预算外资金稽查工作。对全省林业工程项目资金和预算外资金的使用和管理情况进行监督检查；指导市、州、县林业工程资金稽查工作。

（5）参与全省重点林业工程规划的编制，对项目实施情况进行监督。

（6）协调省有关部门落实国家关于林业专项贷款的政策，负责全省林业、治沙、山区综合开发等专项贴息贷款项目的管理工作。

（7）承办上级交办的其他工作。

（二）稽查监管体系

稽查办与各市级林业主管部门稽查机构、县级林业主管部门稽查机构共同构成资金的稽查监管体系，具体为：湖北省林业厅—湖北省林业厅稽查办公室—

各市、州林业局—各市、州林业局稽查办公室—各县、市（区）林业局主管部门—各县、市（区）林业局稽查办公室—林业资金工程项目实施单位。

（三）稽查对象

依据《国家林业局关于重点林业工程资金稽查工作的暂行规定》（林基发〔2000〕129号）和《湖北省林业工程资金稽查办法》（鄂林基〔2006〕299号），确定林业重点工程资金稽查对象为全省重点工程实施地区的各市、州、县（市、区）林业主管部门及工程项目实施单位。

（四）稽查内容

稽查各项重点工程资金下达、拨付、到位、核算、使用、管理、使用效益及其他有关情况，其中以资金的及时拨付、专户储存、正确核算、安全运行、合理使用、发挥效益为重点。

二、稽查监管职责履行情况

（一）制度建设

（1）2006年出台了《湖北省林业工程资金稽查办法》。

（2）2008年出台了《湖北省林业贷款中央财政贴息资金管理实施细则》。

（3）2011年出台了《湖北省林业贷款中央财政贴息资金管理实施细则》补充规定。

（4）2013年出台了《湖北省林业项目和资金管理办法》。

（5）2014年出台了《湖北省林业厅林业项目管理工作规程》。

（二）工作部署

根据国家林业局部署，按照湖北省林业厅要求，结合实际，重点开展了以下工作 。

1．对2011 － 2013年度全省贴贷资金进行核查

2014年7月，财政部办公厅、国家林业局办公室、银监会办公厅下发了《关于开展林业贷款贴息补贴使用管理情况专项检查的通知》（以下简称《通知》）（财办农〔2014〕35号）。收到通知后，湖北省林业厅积极主动与省财政厅、湖北银监局迅速沟通协商，研究部署贯彻落实《通知》精神，于7月22日联合下发了开展专项检查的通知（鄂财办农〔2014〕132号），并结合实际，提出了贯彻落实意见，明确要求各市、州、直管市财政局、林业局、银监局（直管办）必须切实加强领导，密切配合，通力协作，对照专项检查的相关通知要求，通过指导督查、交叉检查、重点抽查等措施，逐项检查，确保专项检查不搞形式、不走过场、取得实效。

9月初，湖北省林业厅联合省财政厅、湖北银监局组成工作专班，对全省林业贴息贷款项目进行抽查。重点检查了项目实施情况和项目单位的银行贷款合同、借款凭据、利息支付单、银行贷款余额表、林业贷款中央财政贴息项目实施情况表等资料，查验票据是否规范、贷款资金实际用途与申报用途是否一致、贷款余额与贴息计划是否一致。

通过检查发现大部分地方执行情况较好，建立了林业贷款及贴息补贴使用的相关财务制度，财务核算规范，贷款主体符合资格条件，贷款及贴息资金全部投入贷款项目中，没有截留、挪用情况。

2. 积极配合国家审计署武汉特派办对湖北省林业贷款贴息项目进行审计

根据国家审计署安排，武汉特派办组织了16人专班，分8个小组，于3月8～24日对湖北省2011－2013年林业贷款中央财政贴息资金进行专项审计。此次审计共涉及31个贴息项目。省林业基金管理站全力以赴、积极配合，为审计工作创造了良好条件，得到审计署武汉特派办的充分肯定，审计结果也比较好。

3. 完成了全省天然林资源保护工程二期和湿地保护工程资金的稽查工作

省林业基金管理站按照国家林业局的通知和厅领导的批示精神，及时下发通知，认真组织开展自查工作。省林业基金管理站在厅天然林资源保护工程中心和湿地保护中心的全力配合下，对部分地区的自查工作进行了重点抽查，于5月30日前，向国家林业局上报了稽查工作报告。

4. 完成了厅直属3个单位主要领导干部任职期间履行经济责任情况的审计工作

根据厅党组工作安排，省林业基金管理站完成了对野生动植物保护总站、杂志社、招待所3个单位主要领导任职期间履行经济责任情况的审计工作。

（三）典型案例

在稽查中发现，湖北省以下3家企业在申报林业贷款贴息补贴中存在问题：一是湖北某公司申报2011－2013年3年期贴息贷款500万元，实际上该公司2011年、2013年贷款实为500万元，而2012年实际贷款为300万元，虚报贴息贷款200万元，虚报贴息补贴6万元。二是某公司2013年申报贴息贷款1000万元，而实际贷款仅有588万元，虚报贷款412万元，虚报贴息补贴12.36万元。三是某公司申报2013年贴息贷款600万元，用于柳杉及红椿原料林基地建设，实际贷款用于原材料收购，违规申报贴息补贴18万元。

对检查中发现的虚报冒领、用途不符等问题，依据有关规定进行了严肃处理：一是全额停拨违规企业贴息补贴。对3家企业2013年度的63万元林业贴息补贴资金全额停拨。二是取消违规企业申报贴息补贴资格。此3家企业近2年内不予申报贷款贴息项目。三是强化问题整改。责成有关市（州），对审计、检查中发现的问题一查到底，严肃追究有关人员责任，举一反三地整改工作中存在的问题，加强对有关人员的教育，认真吸取教训，把此次审计检查作为今后加强管理工作的新起点，坚决杜绝此类现象再度发生。

（四）业务培训

为了提高基层单位管理人员和经办人员的政策水平和业务工作能力，省基金站于 2014 年 5 月举办了“全省林业贴息贷款管理工作培训班”，对基层林业局和林业企业的业务经办人员进行培训，参加人员 130 人。

（五）信息化建设

湖北省林业厅已初步建成了覆盖全省各市、州、县的信息网络，为稽查工作打下了良好基础。

（六）稽查成效

通过连续的林业资金稽查，全省的林业资金管理得到了各级领导重视，财务管理和会计核算水平稳步提高。稽查力度在逐年增强，稽查手段在不断更新，有效提高了林业建设资金的使用效率，预防了林业系统腐败现象，促进了林业部门的作风和效能建设。

三、林业资金运行状况分析

（一）林业资金使用与管理现状

天然林资源保护工程资金、湿地保护工程资金以及林业贷款财政贴息资金已及时到位，使用范围符合政策要求，并按计划投入到了林业项目建设任务中，项目核算清晰规范。

（二）存在的主要问题

（1）林业贷款贴息工作中存在虚报贷款额度以及项目建设内容与申报内容不太一致等问题。

（2）湿地保护项目中，地方配套资金难以按要求配套到位，影响项目建设的进程。

（3）天然林资源保护工程项目中，国有林森林管护补助、森林抚育补助、社会保险补助、公益林建设、中央和省生态效益补偿等投资标准依然偏低，不能满足工程建设的需要。

（三）存在问题的主要原因

1. 基层金融部门管理不规范，随意出证

林业贴息贷款现在放开到各类银行和农村信用社、小额贷款公司，这既为林业企业贷款开辟了宽广的信贷渠道，也为林业贴息贷款管理工作带来困难。为确保林业贴息贷款的真实性，要求项目单位在申报贴息资金时，必须请贷款银行在贷款合同、借款凭证、进账单、结息单的复件上再加盖红印，然后逐级上报。但从检查情况看，每个申报项目无论有无问题，银行均在材料上加盖了红印。加之金融部门与林业部门之间沟通联系不够，信息交流不畅，无疑给林业贴息贷款监管工作带来困难。

2. 基层林业主管部门管理力量不足

基层林业贴息贷款项目管理工作包括项目筛选与申报、检查监管与验收等，工作量大，而基层林业局人员编制（包括局领导）一般只有15个人左右，市、县林业局没有相对固定的贴息贷款经办管理人员，尤其是财政没有专门安排此项工作管理所需的预算经费，基层林业主管部门人员经费不落实，从而导致对申请财政贴息贷款项目监管不到位。

3. 基础管理薄弱

现在很多林业企业基本上是民营企业，有些企业甚至实行家族式管理。这些企业只注重争取贴息资金，对账目等基础管理不重视、不规范，对项目成本归集不全面、不准确，没有单独核算，没有按要求留存归档资料，基础管理薄弱。加之，申报林业贴息贷款项目的企业年年在变，基层林业部门对林业贴息贷款政策宣传培训难以跟上。

四、工作建议

近年来，国家对林业工作高度重视，资金、项目不断增加。因此，加强林业重点工程资金稽查工作非常重要，特提出以下建议。

（1）加强业务培训，抓好队伍建设。建议国家林业局进一步加强稽查工作人员的业务培训，提高稽查人员的工作能力和政策水平。

（2）各级林业部门要进一步重视和加强林业重点资金稽查工作，支持稽查部门开展工作，确保人员、经费、工作责任落实。

湖南省 2014 年度林业资金稽查监管地方报告

为规范林业重点工程资金管理，提高资金使用效益，2014 年，根据国家林业局有关开展林业重点工程资金稽查的要求，湖南省林业厅专题下发了《关于开展林业重点工程资金稽查的通知》，在全省认真组织开展了林业重点工程资金自查和稽查工作，有效维护了林业资金使用管理的合法性和严肃性。

一、稽查监管职责履行情况

为加强林业重点工程资金管理，湖南省采取了三项举措：一是认真安排市、县自查。下发稽查通知，召开了全省林业重点工程资金稽查工作电视电话会议，要求各地林业、财政等部门紧密配合，指导督促项目单位对违规资金进行整改。二是配合贵阳专员办进行了专项督查。稽查过程中，所有工作人员严格按照《湖南省林业重点工程资金稽查办法》（湘林计〔2010〕118 号）及林业重点工程资金的管理办法和有关财政、财务、会计核算制度等规定，采取“内查外调、解剖麻雀”的方式和“依法依规、现场查证、随机抽查、深村入户”的方法深入基层开展稽查工作，主要稽查林业重点工程的资金拨付、使用和管理工作，并对项目批复、投资计划、资金下达、会计账表、资金台账以及实物工程量和质量等相关事项进行了重点稽查。重点稽查了浏阳市等 8 个县（市、区）2012 – 2013 年度林业重点工程资金的管理和使用情况，对发现的问题逐一提出了整改意见。三是厅党组成员带队督查。厅党组成员分头带队组织相关业务处（室）对龙山县等 18 个县（市、区）2012 – 2013 年度林业重点工程资金违规问题进行了整改督查，累计稽查金额达 11.78 亿元，查出违规资金 6481.53 万元，责成各地立即进行了纠正，确保了林业重点工程资金的安全运行和林业项目的顺利实施。

二、主要做法和经验

1. 提高认识，加强领导

林业重点工程资金是林业生产建设的重要支撑，惠及全省林业生态建设和千家万户林农及相关产业。全省各级林业主管部门都能站在讲政治、惠民生的高度，充分认识到林业惠农政策的重要意义，不断增强群众观念和服务意识，并结合群众路线教育实践活动，切实加强领导和组织管理，确保了惠林和惠农政策落实到位。

2. 严格把关，规范申报

各项目单位严格按程序如实申报。例如：申报林业成品油价格补助要提供真实的生产完成工作量、用油量报告、用油量统计表、批复定额表、工作量验收汇总表、年度会计报表等申报材料。

3. 大力宣传，阳光发放

进一步明确"公开公示"和发放时间、标准、方式，确保资金到位。利用不同场合，采取不同方式给群众讲清楚讲明白，让林业惠民政策做到家喻户晓，人人尽知。

4. 明确责任，积极整改

对于稽查中发现的问题，督促市、州、县（市、区）积极整改，对未拨付的资金及时拨付；对涉嫌骗取国家财政资金的要及时追缴到同级财政；对截留挤占挪用的专项资金要迅速发放到位。对工作中因个人原因造成国家经济损失的要追究当事人的党纪政纪责任，情节严重者将交由司法机关处理。

5. 加强沟通，及时拨付

强化与财政部门的沟通，争取资金及时、足额下拨。对滞留的专项资金各县（市、区）要组织力量，尽快完善手续，督促到位。

6. 规范档案，健全资料

保证各项资料按中央、省级文件要求建立齐全。各单位对国家、省、市关于林业重点工程资金的管理办法的系列文件及本单位的申报资料、台账、工程合同等相关资料进行妥善保管。

三、存在的主要问题

尽管湖南省林业重点工程资金管理比较规范，但也还存在一些不足，主要表现为：①资金拨付不及时。退耕还林补助和森林生态效益补偿基金普遍存在推迟一年发放的问题。②不按规定方式发放。一些县（市、区）森林生态效益补偿基金补偿到户时未按规定要求使用"一卡通"发放。③虚报、截留、调剂专项资金。个别县（市、区）林业贷款贴息的虚报情况严重；部分县（市、区）

从退耕还林补助资金和森林生态效益补偿基金中提取管护费；林业成品油补助资金存在上报用油量不实和截留调剂补助资金的问题。④资金管理不规范。个别县（市、区）有规不依，中央和省里有明确规定的制度和办法没有认真执行。

四、对策与建议

（一）加强培训，提高素质

切实加强对相关工作人员的职业修养和技能培训，提高从业人员的业务能力和管理水平，使财务资料、申报材料能够真实反映项目单位的财务状况和经营情况，为主管单位做决策提供有效数据。建议国家林业局稽查办要加强对各省计财及稽查人员的业务培训，不但培训财经政策法规理论，而且要理论联系实际，培训一些相关的林业工程专业技术知识。

（二）强化监管，抓好稽查

林业资金稽查项目多，牵扯面广，资金稽查需要巨大的人力物力。安排林业专项稽查经费，建议国家林业局稽查办能在政策上给予一定的经费支持，用于林业专项稽查，保证林业稽查工作能顺利开展。

（三）建立机制，形成合力

要积极联系财政、发改委、审计、监察等部门，努力建立林业主管部门和相关部门互相配合、紧密协作的林业项目资金监管机制，捆绑监管资源，以减轻基层压力，降低监管成本，提高监管实效。

广东省2014年度林业资金稽查监管地方报告

2014年，广东省林业厅林业基金管理中心紧紧围绕广东省林业中心工作及国家林业局重点稽查任务，根据厅党组及厅领导的工作安排，积极组织开展内部审计、重点林业工程资金稽查、绩效评价等各项工作。

一、稽查监管职责履行情况

（1）积极配合国家审计署完成相关工作。如对广东省2013年中央级、省级财政投入情况，"稳增长、促改革、调结构、惠民生"政策措施落实情况，土地出让收支和耕地保护情况等开展审计工作。

审计过程中，广东省林业厅高度重视、认识到位、态度端正、指定专人、积极配合审计工作，根据审计署的要求，认真整理并及时报送相关材料。对于审计发现的问题，严谨核实、周密布置、明确分工、落实责任、认真剖析、逐条逐项落实整改，同时将审计发现的共性问题通报直属单位，要求相关单位对照问题查漏补缺、举一反三，完善相关规章制度，建立长效机制，从制度源头上堵塞漏洞。

（2）协助配合省审计厅完成相关工作。一是，根据审计厅农资处的布置和要求，认真填写并及时报送了广东省林业厅《行政事业单位下属国有企业名册》、《2013年度行业专项资金计划下达情况表》。二是，为便于审计部门有效考核地方政府领导经济责任履行情况，按照有效性、可检验性、关键性、稳定性的原则拟定了林业自然资源考核指标。三是，为进一步做好审计整改工作，向省人民代表大会常务委员会预算工作委员会报送了《2012年度省级预算执行和其他财政收支审计工作报告》，汇报了主要问题整改落实情况及2013年部门决算情况。

（3）精心组织开展广东省2011－2013年度湿地保护工程资金自查自纠工作。根据国家林业局《关于开展天然林资源保护工程二期和湿地保护工程资金稽查的通知》（林基稽〔2014〕12号）有关“高度重视、提高认识、精心组织、认真自查”的要求，认真组织南澳候鸟省级自然保护区、海丰公平大湖省级自然保护区、万绿湖国家湿地公园、孔江国家湿地公园等四个保护区（公园）对2011 – 2013年度湿地保护补助资金开展自查自纠，涉及资金共计1427万元。同时，要求对自查过程发现的问题立即采取措施积极整改。一是要求相关业务主管处（室）进一步加强项目实施情况的日常检查，及时敦促相关项目单位采取措施加快项目实施进度。二是严格执行国家项目管理相关规定。

（4）认真开展自查工作。组织厅机关本部及所属事业单位按照省财政厅的要求对会计基础工作、内部会计监督制度建设、财政资金使用管理、资产管理等方面情况认真开展自查。自查覆盖了厅本部及84个厅直属单位，涉及财政资金共计14838.9万元。通过自查，进一步规范和提升了广东省林业厅会计基础工作，规范了财政资金使用和管理。

（5）圆满完成省级财政专项资金自查工作。根据省财政厅《广东省省级财政专项资金常规性监督检查工作方案》的要求，及时组织厅机关相关财政专项资金主管业务处（室）对本处（室）负责管理的省级专项资金认真开展自查和重点检查，重点分析项目执行情况、取得的经验及存在的问题，针对自查了解的情况及发现的问题认真研究对策，及时健全和完善相关的规章制度，防微杜渐，将问题扼杀在萌芽状态。

（6）认真组织开展行政事业单位会议费、培训费及“小金库”治理重点检查工作。为进一步贯彻落实好省财政厅会议费相关政策，广东省林业厅采取以查带训、以查促学的方式，对厅在广州直属行政事业单位会议费、培训费管理和使用情况进行认真检查。通过检查，及时发现现行的会议费、培训费管理和使用中与新规定不相符的地方，进一步加深对新的会议费、培训费相关政策的理解和认识，进一步明确和规范了会议、培训业务的组织、实施和管理等各环节的具体做法。同时，对直属单位、国有企业和社会团体开展“小金库”治理“回头看”专项行动，涉及资金共计10171万元。

经过自查自纠、重点检查、“回头看”专项行动等多种形式的强化检查，各单位结合本单位的实际情况，认真梳理本单位风险点，及时发现日常经济活动中存在的漏洞，对照问题，建章立制，建立资金管理长效机制。

（7）精心组织、扎实开展省级财政支出项目绩效评价工作。按照省财政厅的要求，广东省林业厅今年被列入评价范围的项目包括2012年和2013年森林碳汇重点生态工程建设资金、2013年生态公益林效益补偿资金、2012年防护林工程和成品油价格改革补贴、2012年省级林业有害生物防治专项资金、2012年省级林业科技创新专项资金、2012年林木良种繁育基地建设专项资金、森林防火专项资金、2013年保障性安居房工程配套基础设施建设共9个项目涉及财政专项资金近26亿元。面对自评项目多、涉及资金量大等困难，广东省林业厅有条不紊、沉着应对，精心组织、积极加强协调和领导。一是，加强组织领导，注重分工协作，提高自评工作效率，确保按时报送自评材料。二是，认真审核，确保自评质量。三是，全力配合财政厅的第三方重点评价和省厅重点核查工作。四是，完善绩效评价工作方式、方法，提高绩效评价工作效率。

二、主要做法和经验

近年来，在国家林业局稽查总站的悉心指导和厅党组的正确领导、关心支持下，省林业厅稽查工作进展顺利、成效显著，省林业厅稽查办两次获得“全省内部审计先进单位”荣誉称号，稽查人员多次获取“全国内部审计先进工作者”、“全省内部审计先进工作者”荣誉称号。经过几年的摸索，省林业厅绩效评价管理工作也日趋完善，建立了较完善的绩效评价工作机制，项目单位的绩效观念逐步增强，形成了自我评价、自我监督和外部评价、外部监督两个层次相结合的评价监管体系，确保资金运行安全有效。

(1) 领导重视，队伍健全。一直以来，广东省林业厅领导高度重视资金稽查工作，早在2001年就专门成立了广东省林业厅林业工程稽查办公室（设在林业基金管理中心，实行一套人马，两块牌子，以下简称稽查办），专门负责内部审计、资金稽查和绩效评价等工作。目前，稽查办编制10人，在编8人，其中高级会计师职称以上3人。内部审计人员涵盖审计、财经、林学、统计等专业，为顺利推进稽查工作提供较为坚实的队伍保障。另外，为确保资金稽查工作的顺利开展，省林业厅每年均安排稽查工作专项经费。

(2) 建章立制、规范运作。为促进稽查工作的制度化、规范化，省林业厅在认真执行《审计法》、《会计法》的同时，根据林业资金管理的实际情况，制定了《广东省林业局重点林业工程稽查工作暂行规定》和《广东省林业局林业工程人员稽查工作守则》。2014年，为进一步规范省级财政专项资金管理，防范资金风险，提高资金使用效益，省林业厅会同省财政厅联合制定和修订了《广东省省级森林碳汇重点生态工程建设专项资金管理办法》、《广东省“四江”流域水源涵养林及防护林建设专项资金管理办法》、《广东省生态景观林带工程建设专项资金管理办法》等20项林业专项资金管理办法，确保每项省级财政专项资金对应一个专项资金管理办法，做到资金监管有法可依、有规可循。

(3) 履行职能、工作扎实。稽查办自成立以来，开展了卓有成效的工作。近3年，多次组织对厅直属单位、国家级和省级自然保护区、市（县）级林业用款单位的中央和省级财政专项资金进行稽查，共涉及资金18亿多元。

(4) 狠抓整改，重在提高。在稽查工作中，省林业厅重视对个案的调查、处理，注重问题的定性、分析，以防微杜渐。对稽查工作中发现的问题深入分析原因、及时总结经验，帮助被审单位剖析问题根源，认清潜在隐患，落实整改措施，收到了较好的效果。

（5）加强培训，勤练内功。为进一步提高稽查人员的业务能力和工作水平，省林业厅先后多次邀请国家审计署广州特派办、省审计厅农业与资源环保审计处、省财政厅农业处和绩效评价处等专家作专题讲座。2014 年，邀请高校教授对《行政事业单位内部控制规范（试行）》、《事业单位会计制度》等内容进行培训和讲解。通过学习和培训，进一步充实稽查人员知识，拓宽稽查人员视野，丰富稽查人员的工作经验。

三、存在的主要问题

近年来，国家在加大资金投入的同时，也强化了资金监管。从稽查情况来看，尽管大部分单位资金管理水平得到较大的提升，但稽查中仍然发现一些不可忽视的问题。

（1）个别地方领导资金监管意识欠缺，仍存在重资金争取、轻资金监管的问题。资金安全运行及绩效意识欠缺导致项目实施及财务监管工作不到位。

（2）配套资金不落实，工程进度及质量受影响。广东省虽是经济大省，但地区经济发展不平衡，除珠江三角洲地区外，其他地区地方财政普遍经济欠发达，财力有限。从近几年检查情况来看，配套资金不到位成为欠发达地区的共性问题。

四、对策与建议

（1）加强稽查力度，提高单位领导资金监管和绩效意识。通过稽查，发现问题，严肃相关问题处理，一方面既可以提高稽查的严肃性和震撼力，另一方面又能使领导干部在问题的处理过程中不断提高资金监管和绩效的意识。

（2）国家林业局对各省稽查人员加大培训力度，进一步提高各省稽查人员业务能力和综合素质。

（3）完善稽查机构，充实基层稽查力量，提高稽查人员业务能力。针对目前普遍存在基层资金稽查机构不健全、稽查力量不足的问题，建议有条件的市、县级林业主管部门健全资金稽查机构或指定专人从事资金稽查工作。

广西壮族自治区2014年度林业资金稽查监管地方报告

一、稽查监管机构基本情况

（一）机构概况

广西壮族自治区林业厅重点工程资金稽查办公室（以下简称“稽查办”）于2011年得到自治区编制委员会批准挂牌成立（挂靠在广西壮族自治区林业基金管理站）。至2014年年底，广西壮族自治区林业基金管理站实有编制9名（含稽查编制3名），实有人数7名。人员构成：处级干部3名，科级（或主任科员）干部4名。稽查具体工作由广西林业基金管理站1名副站长分管和1名稽查科长专职负责，自治区林业厅计划财务处1名领导兼任稽查办主任。

（二）主要职责

负责对广西林业重点工程资金的使用和管理情况进行监督检查，同时配合国家林业局稽查办、财政部广西专员办、自治区财政厅、审计厅等单位对广西林业专项资金进行检查、稽查和审计等工作。稽查对象为广西各级林业主管部门及其所属单位、区直属国有林业事业单位。

二、稽查监管职责履行情况

（一）2014年完成的主要工作

1. 开展林业专项资金大检查

2014年初，拟订《2014年林业专项资金检查工作计划》，制定详细检查工作方案。要求各相关单位对林业生产用油补贴资金、森林抚育补贴试点资金、林业技术推广、退耕还林补助、林下经济补助、林业贷款贴息、森林生态效益补偿基金等10项林业专项资金开展自查活动。2014年7～9月在各有关单位开展自查自纠的基础上，稽查办派出检查组完成对玉林、来宾、柳州、桂林等14个市所属18个县（区）、3个区直属林场林业专项资金稽查工作，检查林业专项资金量13.2亿元，并对林业专项资金管理情况进行分类通报，对基层账务问题提出可操作性建议，进一步规范基层账务处理、财务核算管理。

2. 开展育林基金和森林植被恢复费专项检查

2014年9～10月，与自治区财政厅联合下发《关于开展育林基金和森林植被恢复费专项检查的通知》，组织开展育林基金和森林植被恢复费专项检查及调研工作。稽查办派出检查组分赴贺州、桂林、百色等8市10个县（区）进行专项检查，检查资金量7.2亿元，并撰写检查报告，经自治区财政厅会签后下发检查通报。

3. 配合开展广西茅尾海湿地保护的核查工作

2014年4月，参与了广西茅尾海湿地保护的核查工作，并配合国家林业局基金总站开展国家自然保护区中央预算内投资管理使用情况稽查工作，督促各有关单位进行整改。

4. 派人参加国家林业局检查组跨省检查

2014年5～8月派1名干部参加国家林业局组织的林业项目管理情况和资金使用情况检查组。对安徽省池州市、安庆市，云南省黑白水、洱源、蚌常、清水江等保护区进行检查。

5. 配合开展林木良种补贴项目竣工验收工作

2014年6月派3名干部参加广西2013年林木良种补贴项目竣工验收工作。对广西2013年度林木良种补贴单位项目实施情况和资金使用管理情况进行检查验收，并对良种基地和苗木培育档案建立情况、资金使用情况、财务核算情况等工作进行指导，进一步完善广西林木良种补贴项目档案及资金管理。

6. 配合开展广西森林防火、科技推广应用项目工程竣工验收核查工作

2014年6～12月派1名干部参加广西森林防火、科技推广应用项目工程竣工验收核查工作。对柳州、南宁、防城港、北海、桂林、河池等市20个建设项目的财务管理、项目管理开展绩效核查。对建设单位账务处理、账套设置难点疑点问题提出解决的办法。

7. 参与开展涉林扶农强农惠民资金专项检查

2014年11月，根据中央巡视组反馈的意见，自治区林业厅派出10个检查组对广西14个市所属30个县（区、市）、13家区直属国有林场共43个单位的2013年和2014年林业惠民资金管理、发放和使用情况进行了督促检查。稽查办派出1名领导参与检查。

8. 参与开展林业项目贷款财政贴息补助情况大检查

2014年9月，派1名领导带队，参加自治区财政厅、林业厅、银监局联合开展的财政贴息补助情况大检查，对百色各县林业项目贷款进行逐项核实。

（二）主要经验和做法

1. 加强领导，明确职责，狠抓项目资金管理

自治区林业厅党组一直以来高度重视林业资金管理工作，坚持“严管财，慎用钱”原则。厅长办公会议多次研究加强林业资金管理问题，要求各部门和单位积极采取措施，加强林业资金管理。自治区林业厅计划财务部门积极主动向厅领导汇报资金管理工作情况，提出工作建议，积极反映工作推进中遇到的困难和问题，争取厅领导支持。2014 年，中央陆续出台一些林业资金管理政策，广西林业厅稽查办积极参与开展检查与调研活动，为下一步修改《广西壮族自治区森林生态效益补偿基金管理办法》、《广西壮族自治区育林基金和森林植被恢复费管理办法》等工作做了前期准备。

2. 研制方案，精心组织，确保检查取得实效

2014 年，稽查办根据自治区林业厅年度工作要点，认真研讨检查工作计划，制定了《2014 年林业专项资金检查工作方案》。在实施过程中实行了自查、重点联合检查相结合，在完成自查基础上，抽调林业财务骨干人员进行重点抽查。2014 年，中央巡视组、自治区党委巡视组分别对广西林业系统进行巡查，并提出了巡查意见。稽查办及时调整稽查计划，在开展林业专项资金检查的同时开展林业惠农资金专项整治重点督查工作。对被检查单位在稽查中发现的问题提出整改要求，并进行整改跟踪，确保有错必纠，整改到位。

3. 加强督导，自查自纠，扎实推进工作进度

坚持“一查、二帮、三促进”原则，积极推广“以查代训”思路，指导各单位积极开展自查自纠，及时发现和纠正工作中存在的不足，进一步规范资金使用与管理，促进项目建设有序推进。2014 年，稽查办联合生态公益林管理办公室，不定期对广西全区公益林补偿工作实施情况进行督查，并实行支出进度月报制度，及时掌握各市、县森林生态效益补偿基金管护补助支出进度，对兑现率低的单位进行督促，积极推进林业强农惠农补助资金的兑付，圆满完成 2014 年为民办实事森林生态效益补偿绩效考评目标。

4. 加强培训，勤练内功，提高稽查业务素质

为培养高素质、业务精的稽查队伍，稽查办聘请专家对稽查人员定期或不定期进行培训，并组织稽查人员召开经验交流会，开展交叉检查等活动，丰富稽查人员业务知识，提高稽查工作经验。2014 年，举办全区林业财务人员培训班 1 期、稽查业务培训班 2 期，培训人次累计达 276 人次。2014 年，派出 1 名稽查干部参加国家林业局稽查工作组跨省检查。

三、林业资金运行状况分析

（一）资金运行现状总体安全

近年来，全区各级林业部门高度重视中央和自治区对林业项目投资建设，总体上认真贯彻执行国家和广西有关林业资金管理的政策法规，林业资金和财务监督制度基本健全，监管措施基本到位。各林业单位基本上能按规定用途和计划下达内容使用资金，资金管理使用基本规范合理，林业项目管理水平得到了提高，会计核算得到进一步规范，全区林业资金运行状况总体安全。

（二）投资任务基本完成

各项目实施单位在实施过程中正确执行基建程序，坚持项目法人责任制、招投标制、采购制、工程监理制、合同管理制、竣工验收制、公示制、报账制等，有力地推动了林业项目健康、顺利实施。从总体上讲，全区林业项目计划任务基本完成。

（三）投资效益总体显著

林业扶农强农惠民资金的投入有力促进了广西涉农项目工程的顺利实施，林业专项资金的投入达到了预期的社会、经济和生态效益目标。

1. 生态环境得到了明显的改善

通过实施退耕还林、生态公益林补偿、造林补贴等项目，大大改善了生态环境，林区的森林资源得到有效保护，森林结构逐步得到改善，森林质量稳步提高。据统计，广西森林生态服务价值达 1 万亿元；全区公益林在涵养水源、生物多样性保育、固碳释氧、固土保肥、净化大气、积累营养物质和森林游憩等 7 个方面的生态服务价值达到 4527.6 亿元。现在山清水秀已是广西的一张生态名片。

2. 农民实现了增收，生活得到改善

林业涉农工程实施涉及千家万户，遍布广西各地，广大基层群众收入得到了提高。据统计，退耕还林补助受益农民达 510 万，占广西农村人口的 15%。

3. 带动了产业发展，促进了就业

林下经济发展项目推广和示范了林下种植和养殖产业，林农林下种植和养殖的积极性逐步提高，打造了一批如河池市的东兰林下乌鸡与黑山猪等广西特色品牌；退耕还林后林业经济林，如油茶、核桃、板栗、任豆、竹子等名特优生态经济林，得到了快速发展，为农民创造了更多的就业机会。

4. 公民爱护环境、保护环境意识得到增强

退耕还林、森林生态效益补偿等工程涉及面广、国家补助时间长，使广大农民群众得到了潜移默化的生态文化教育，生态文明意识明显增强，改变了山区群众毁林开垦、陡坡耕作的传统陋习，植树造林、爱护森林、保护生态环境

成为新理念、新风尚，加强生态文明建设成为了全社会的共识。

四、存在的主要问题及原因分析

（一）项目及资金投入分散，管理有难度

有些林业项目小，投入资金较少，再加上当地财政困难，地方配套资金难落实，管理难，管理成本高，影响到实施单位的积极性。

（二）重争取项目及资金，轻管理现象仍然存在

有些林业基层单位观念上重项目争取、轻项目管理，对项目实施重视不够，没有专人负责，项目的各个环节抓得不紧，有拖沓现象。项目实施进度慢影响资金拨付。

（三）补贴标准低，工作难以开展

目前国家对林业项目补贴的标准普遍偏低，如生态公益林补偿标准，虽然国家和广西近几年提高了补助标准，但补偿标准仍然偏低。部分林农不愿意签订管护补助，造成部分补偿资金兑现困难。

五、对策与建议

1. 继续加大监督检查力度，确保资金安全运营

充分发挥林业资金稽查监管机构职能与作用，积极开展资金监督检查工作，进一步完善各项林业资金管理制度，加强内部控制制度，完善各项报账审批，指导基层单位统一、规范管理和使用各项专项资金。

2. 加强协调，争取提高林业项目补贴标准

要加强与财政、发改、规划等部门的沟通与协调，积极反映林业补贴标准偏低的现状，争取逐步提高补贴标准，实现补贴标准与社会经济发展水平相一致。

3. 加强培训，提高稽查工作人员业务素质

进一步建立完善的培训体系，构筑稽查人员学习沟通的平台，多开展“以会代训，以查代训”等活动，促进稽查人员自觉学习、自我提高，从而达到提高稽查工作人员综合业务水平的目标。建议国家林业局基金总站继续加强对各省稽查人员的业务培训。

六、2015 年工作计划

1. 开展涉林惠民资金专项检查

重点加强对 2013 - 2014 年度广西森林生态效益补偿、退耕还林补助、林业贷款贴息补贴、林业生产用油补贴、林业救灾补助、造林补贴、森林抚育补贴、林下经济专项补贴、油茶产业发展专项补助、“绿满八桂”造林绿化工程专项补助、边境森林防火隔离带补贴、国有贫困林场扶贫补助、农村沼气建设补助、政策性森林保险保费补贴、防护林工程项目补贴、林业有害生物防治补贴、林业科技推广示范补贴、湿地保护补贴、林木良种补贴等项目资金进行检查。

2. 继续加强育林基金和森林植被恢复费的使用和管理

严格执行财政非税专项资金的管理制度，指导和督促基层林业部门按规定编制好育林基金、森林植被恢复费收支预决算，专款专用，使育林基金、森林植被恢复费真正发挥造林、育林、护林的作用。

3. 继续加强公益林管理，积极争取提高补偿标准

2015 年，自治区林业厅、财政厅将重新修订《广西壮族自治区公益林管理办法》和《广西壮族自治区公益林科学经营利用管理操作规程》，进一步规范广西壮族自治区自治区级以上公益林保护、经营和管理。同时，继续争取提高公益林补偿标准。

海南省 2014 年度 林业资金稽查监管地方报告

2014 年，中央和省财政的持续投入，继续实施天然林资源保护工程，规范加大森林抚育等林业财政补助资金投入，提高森林生态效益补偿基金标准，开展绿化宝岛大行动，极大地促进了海南林业的发展，也为林业资金稽查工作提出了更高的要求。海南林业资金稽查工作紧跟形势要求，及时创新工作思路，有效规范了资金使用，保障了资金安全。

一、稽查监管职责履行情况

（一）建章立制，规范资金使用

为了确保林业资金的使用安全和发挥效益，省林业厅从完善制度着手，逐步完善资金管理体系。

一是制定《海南省森林生态效益补偿基金管理实施办法》、《海南省天然林资源保护工程资金管理细则》等 7 个项目资金管理办法，有效规范了林业建设资金管理。

二是制定《海南省林业厅差旅费管理办法》、《海南省林业厅直属单位经济责任审计暂行办法》等管理规定，有效完善了财务管理制度建设。

（二）利用信息技术，提升资金管理能力

根据海南省林业的特点分两步走，一是与省财政厅合作将 51 个林业系统财政预算单位纳入全省财政账务管理系统进行统一核算管理，按全省统一标准和要求规范林业资金核算；二是将省林业厅下属的 29 个林区林场等未纳入财政预算管理的单位统一使用用友财务软件建立林业系统财务网络监管系统。

这两套系统都具备网络监管查询功能，财政账务管理系统服务器在省财政

厅，林业系统财务网络监管系统服务器在省林业厅，均能实现财务电算化、监管网络化，建立起了覆盖财务网络监管系统。

（三）建立健全审计稽查机制，使稽查工作常态化

一是制定年度资金稽查计划，对专项资金进行全面检查。结合资金管理需求，海南省制定年度资金稽查计划，逐步对2007年以来的各项林业资金进行全面的检查清理。先后开展了专项审计，如2007－2013年下属单位专项资金检查、2007－2013年林业系统涉农资金专项检查、森林生态效益补偿基金、天然林资源保护工程、石油价格补贴、森林防火等稽查检查工作。

二是建立下属单位主要领导干部离任经济责任审计制度。借鉴党政领导干部离任审计制度，省林业厅制定了《海南省林业厅直属单位经济责任审计暂行办法》，计资处负责协调，聘请会计师事务所进行独立审计，出具的审计报告向厅领导汇报，并报厅组织人事处备案。共完成尖峰岭、霸王岭等下属单位主要领导干部离任经济责任审计8人次，规范了下属单位财务管理和干部任用管理。

三是改进稽查方式，促进稽查工作开展。海南省没有设立专门的稽查办，计资处承担了稽查工作职能，从事稽查的人员严重不足。面对这一客观条件，省林业厅转变思路，以稽查目的为导向，采取计资处牵头组织下属单位骨干参与、联合其他厅局、聘请会计师事务所等方式，使稽查工作得到顺利展开。2014年，省林业厅联合省财政厅、省发改委、省住建厅、省农业厅、省水务厅等部门，组织省林业科学研究所等下属单位，加上会计师事务所组成60多人的检查组，对18个市（县）2011－2013年绿化宝岛大行动进行了全面核查。每个市（县）出具单独的检查报告，并由分管营林的副厅长带队，分3个片区对市（县）进行反馈通报，责令其整改，取得了良好的成效。

二、存在的主要问题

5年来，省林业厅累计完成形成下属单位主要领导经济责任审计报告8份，专项审计报告15份，极大地规范了林业系统资金的使用和管理，保障了资金安全。

通过稽查发现，海南省林业系统存在的一些问题需要我们进一步规范和完善。

一是会计基础工作薄弱。海南省下属单位地区偏远，体制不顺，会计人员素质较低，且吸引不了高素质的会计人才。2011年以前，大部分单位仍是使用手工记账，会计人员仅有会计证，专业知识十分有限，不能及时掌握资金管理规定和项目的特点，造成会计记账的不规范。

二是个别领导干部不够重视资金管理。有些领导对财经政策、资金管理办法等规定掌握不透，出现了随意指使财务支付资金、不按规定的范围使用资金、

不按收款单位支付资金甚至是转付私人账户等问题。

三是招投标不够规范。由于海南省林区、林场仍是企业性质，使用专项资金进行基本建设、设备购置时，省财政厅以这些单位不是财政预算单位为由，不同意批复政府采购计划，造成林业单位对政府采购和招投标不够重视，存在化整为零规避政府采购，或不按规定进行招投标等现象。

四是结余资金较大。检查中发现，海南省完善退耕还林补助资金、绿化宝岛工程建设资金、造林补贴等存在大量滞留。防护林工程、森林抚育等项目资金支出进度缓慢，跨年度、超时限实施项目情况比较普遍。

三、2015 年工作计划

针对海南省资金稽查工作的现状，计划从以下几个方面着手做好林业资金稽查工作。

1. 完善制度建设

从制度源头规范资金管理，修订完善《海南省林业专项资金管理办法》、海南省林业厅直属单位经济责任审计暂行办法》、《海南省国有贫困林场扶贫资金管理办法》等制度，填补制度空白，做到从申报、下达、批复、实施、验收每个环节都有章可循。

2. 加强培训力度

加强培训包括两个方面，一是加强财务人员职业技能培训，统一全省林业系统财务核算方式方法；二是加强领导干部财务知识培训，使领导干部了解财务、资金管理规定，主动按照规定管理资金、用好资金。

3. 健全稽查机制

制定“十三五”林业资金稽查方案，分解年度稽查实施计划，抓好执行落实，实时保障林业资金安全。建立各单位年度自查和审计制度，规定下属单位每年都必须进行年度财务审计。省林业厅在单位自查基础上，按计划组织年度稽查工作，出具审计报告，并根据审计出的问题，下达整改通知，责令限期整改。继续坚持下属单位主要领导干部离任经济责任审计制度。

4. 建立稽查机构和队伍

向省编办申请成立省林业厅稽查办公室，配置专人负责资金稽查工作。组织林业财务骨干人员提高技能，进行审计业务培训，建立一支技术过硬的林业稽查队伍。通过政府采购方式确定 2 ～ 3 家会计师事务所，对其进行林业政策法规培训，建立长期合作关系，借助社会力量充实稽查队伍。

重庆市2014年度林业资金稽查监管地方报告

一、稽查监管机构基本情况

重庆市林业资金稽查监管机构设在市林业局规划资金管理与审计处。目前，市林业局规划资金管理与审计处共有处长1人，处级干部1人，副处长1人，干部6人，具体负责全市林业资金的稽查审计工作。

（一）工作职责

市林业局规划资金管理与审计处的工作职责为：拟订林业及其生态建设发展战略、中长期规划和年度计划；组织、指导林业及其生态建设生态补偿制度的建立和实施；承担林业建设项目、资金的管理监督工作；负责机关和所属单位国有资产管理、财务管理工作；承担林业统计工作；指导山区综合开发；负责机关及所属单位的内部审计及其他专项审计工作；负责林业及其生态建设项目、资金等的审计监督；拟订行业审计制度和业务规范。

（二）主要任务

对重庆市内重点林业工程资金的使用和管理情况进行监督检查，协助相关业务处（室）组成工作组对重点工程资金的使用和管理情况进行定期或不定期的稽查，牵头组织各项目区（县）及项目实施单位进行自查并配合相关业务处（室）进行重点核查或抽查，组织开展局机关及所属单位开展内部审计及其他专项审计工作，提交监督检查工作报告并对发现的问题提出具体的处理意见及建议。

（三）稽查监管对象

重庆市林业重点工程资金稽查监管对象为重点工程实施区（县）的各级林业主管部门及项目实施单位。

二、稽查监管职责履行情况

（一）重点稽查监管工作开展情况

一是接受国家审计调查。先后接受了国家审计署对重庆市原市长经济责任审计的延伸审计、全国土地出让金延伸审计、棚户区改造资金延伸审计、市财政存量资金延伸审计，重庆市审计局对全市退耕还林专项资金的审计调查。二是接受了国家林业局基金总站对重庆市 2011 － 2013 年度湿地资金、天然林资源保护二期资金、森林抚育补贴资金的专项稽查；接受了重庆市财政局对市林业局机关及直属单位 2012 － 2013 年会计信息质量和部门预算执行情况的专项监督检查；会同重庆市财政局、重庆银监局开展了 2011 － 2013 年度林业贷款贴息补贴检查。三是组织开展内部审计。组织中介机构对重庆市林业局机关及直属单位 2013 年财务收支情况进行内审；开展 2013 年度重庆市林业特色效益资金专项内部审计，涉及资金 2420 万元；对 2008 － 2013 年度全市油茶产业专项资金全面内部审计，涉及资金 2.6 亿元。四是认真组织重庆市林业系统开展贯彻执行"八项规定"和"小金库"专项治理自查自纠工作。对重庆市 2011 － 2013 年林业中央预算内生态项目和市统筹资金项目以及 2013 年结余结存资金项目进行了清理。

针对稽查监管发现的问题和不足，重庆市林业局认真督促项目区（县）和被查单位实施整改，对存在的问题和不足基本能按要求及时整改到位，对保障林业资金安全有效运行起到了积极作用。

（二）典型案例

案例一：某县国有林场存在支付森林抚育款时大额使用现金，支付款项依据不充分，支出支撑依据不足，有 35000 元支出没有通过审签，没有及时提供会计账簿，天然林资源保护工程资金没有分账核算的问题。某县林业局以《关于国家天然林资源保护工程资金稽查存在问题进行整改的通知》（某县林发〔2014〕15 号），责成某县林场限时对有关问题进行整改，并提交了整改报告。

案例二：某县国有林管护资金 141 万元，除安排县林场的资金外，其余的安排到某林业有限公司，让其承担小块国有林的管护任务。某县以《关于收回天保国有林管护经费的通知》要求某林业有限公司将多拨的资金退回县林业局，重新核实落实管护主体。现资金已退回县林业局。

案例三：某县国有林场会计科目使用不准确，造成年终将项目资金结余转作单位利润的问题。已督促国有林场加强会计核算工作，严格执行国有林场会计制度，努力提高会计人员业务素质。对调入单位利润的项目结余资金进行清理，按工程项目分别设二级科目，调入分项目结余，在次年按各工程项目要求范围继续使用。

案例四：某县公益林建设资金超范围开支修理费33200元、差旅费2811元、小车修理费1410元、二调补助1470元，合计38891元。已按照天然林资源保护工程资金管理要求，从某县林业局机关经费中归垫违规使用资金38891元。

三、主要经验和做法

随着林业投入规模不断扩大，重庆创新工作机制，规范资金管理，开展稽查监管，努力推动林业资金专款专用，确保资金安全有效。

一是加强制度建设。先后制订了《重庆市林业局关于进一步加强林业项目和资金管理的意见》、《重庆市林业局企业补助资金管理办法（试行）》、《重庆市林业局开展“加强监督、堵塞漏洞”行动实施方案》、《重庆市林业项目资金管理制度》等。目前，《重庆市中央林业补助资金管理暂行实施细则》、《重庆市国有贫困林场扶贫资金管理实施细则》等项目资金管理制度已起草完毕，待相关部门审核后印发。二是切实履行规定程序。按照项目申报、评选、建设、监管、验收、绩效评价六个程序开展工作，实行阳光操作，公示项目资金重要信息。建立现场核查制，组织专家或委托中介机构抽取部分项目现场核查。建立业务处（室）会商、处内交叉审核、处务会议制度，充分发挥内部监督作用。严格执行专家评审制，择优选取项目，杜绝“打招呼、凭关系、按顺序”选项目。推行资金支出报账制、政府采购制，严格落实工程建设“四制”，即项目法人负责制、招标承包制（政府采购制）、工程建设监理制、合同管理制。三是规范监管资金的拨付使用。完善财务和技术档案，专项资金专款专用、单独建账，按规定范围和标准开支。四是做好内部审计和核查。加强日常内部审计、监督，开展定期全面核查和不定期重点抽查。对在建项目每年开展2次自查（半年和年度自查）。组织中介机构开展项目资金内部审计，充分发挥第三方的监督作用。五是严格执行处罚机制。对涉及项目资金违规违纪行为一经发现，及时予以制止、纠正，并根据事实和情节轻重，分别给予扣减下一年度资金指标、不予安排新项目、调减现有拨款规模、暂停项目申报资格等处理。

四、林业资金运行状况分析

（一）林业资金使用与管理现状

2014年，重庆市森林覆盖率达到43.1%，林木蓄积量1.97亿立方米，林业总产值521.9亿元；完成营造林320万亩，其中人工造林210万亩；参加义务植树1800万人次，植树6000万株；利用85个市级以上森林公园和18个湿地公园发展森林旅游，森林旅游景区130处，旅游人数达5400万人次，实现森林旅游收入79.8亿元；9个区（县）被国家确定为生态文明示范县。重庆林业市级以上财政投入 37.42 亿元，其中：中央投入 29.03 亿元，市级投入 8.39 亿元。全市各级财政和林业等部门采取了一系列强化资金和项目管理的措施，林业资金管理水平不断提高，项目管理总体上比较规范，内部控制制度逐步完善，会计基础工作不断规范，基本能够做到分账核算、专款专用，资金使用比较慎重，林业重点工程顺利实施，违规违纪现象逐渐减少，林业财政专项投资运行状况总体良好。

五、存在的主要问题

一是由于重庆市林业局和区（县）林业主管部门均未成立林业资金稽查监管专门机构，日常的林业资金稽查监管工作仍由林业计财部门承担，人员多为兼职，队伍不稳定，无法保障工作顺利开展。二是仍存在项目管理质量不够高、资金管理不够严等问题。未经批准调整变更项目计划情况时有发生；偶尔出现未按规定执行公示制，招投标不规范；有一部分项目建设进度缓慢、质量不高；个别项目规划设计图、招投标、监理、验收等资料收集不全、整理不规范、不及时；极少数项目存在挤占、截留、挪用财政资金的现象；扩大财政资金开支范围、提高开支标准偶尔发生；重庆渝东北和渝东南部分区（县）仍然存在未足额落实县级配套资金的情况。

六、对策与建议

（一）以依法治市为指导，增强依法依规理财意识

一是深入学习党的十八届四中全会和市委四届五次全会精神，学全学深学懂，知法守法执法。力求对行业领域涉及的《森林法》、《种子法》、《森林防火条例》等法律法规做到“通”，对履行职责需要的《预算法》、《会计法》、《审计法》、《统计法》、《政府采购法》等法律法规做到“精”。二是加强制度建设。开展调研，会同市财政局出台《< 中央财政林业补助资金管理办法 > 实施细则》。研究制定《重庆市国有林场扶贫资金管理实施细则》和《重庆市市级农发资金林业专项管理暂行办法》等。进一步完善重庆市林业局机关财务、会议费、培训费、差旅费等管理制度。严格执行财务制度，严格遵守财经纪律，规范财务报销流程，加大公务卡结算力度，推进机关财务管理的法制化、标准化。

（二）以确保资金安全和效益为宗旨，加强项目资金监管

一是加大项目资金督促检查力度。对全市林业基建项目开展半年和年度检查，有效遏制工程建设中的“预算超核算、决算超预算”现象。逐步规范财政专项资金管理，重点对 2011 － 2013 年农业综合开发、2014 年林业贴息贷款、

2013 – 2014 年森林保险开展检查。按照财政部对存量资金的管理要求，对重点项目建设进度情况进行督查。二是配合国家审计机关做好林业资金的专项审计，接受国家林业局和市级有关部门的相关监督检查，重点做好 2012 – 2014 年度中央财政拨付的林业国家级自然保护区、造林、林业科技推广示范补贴资金和 2009 – 2013 年度中央预算内森林防火项目自查整改工作。三是组织开展内部审计。对市林业局机关和直属单位重点检查预算执行情况和财务收支情况。开展全市 2014 年特色林业效益资金、2012 – 2014 年国有林场扶贫资金、2012 – 2014 林业科技推广项目资金等内部审计。

（三）加强学习和业务培训

深刻领会中央和重庆市对林业生态文明建设的决策部署精神，努力提高财务和项目管理人员政治素质。重点学习《预算法》、《会计法》、《财政违法行为处罚处分条例》等各类财经法律法规，加强林业财政专项投资政策学习，掌握财政、金融、林业等方面的投资政策，全面提高林业财政专项投资管理人员综合素质。重点从财务管理、林业规划、项目策划、包装及管理方面有针对性地对财务和项目管理人员进行培训，不定期组织相关项目单位主要负责人和财会人员的培训和教育，开展时间短、收效高、针对性强的岗位培训，不断研究和总结林业财政专项投资管理中出现的新情况、新问题，提高分析问题和解决问题的能力，提高管理人员业务水平。

四川省2014年度林业资金稽查监管地方报告

一、稽查监管职责履行情况

（一）稽查工作开展情况

2014年，四川省稽查工作紧紧围绕全省林业发展大局和资金管理的总体要求，通过创新机制、加大力度，市（州）林业部门共同配合，圆满完成了年度稽查任务。

为组织开展好2014年度稽查工作，省厅于3月初即下发文件进行安排部署，要求县级自查、市级复查、省级抽查，市级复查至少抽查1～2个县，稽查方式继续采取综合性稽查和专项稽查相结合的方式进行。各市（州）高度重视资金稽查工作，精心组织、周密部署，凉山、巴中、雅安、宜宾、自贡、成都等地稽查工作开展得扎实深入，查得出问题，提得出意见，特别是凉山彝族自治州聘请中介机构对全州所有县和直属单位集中进行了稽查，起到了较好效果。

省级稽查工作从5月初开始。省稽查办会同省厅相关业务处（室）组成4个工作组，派出稽查人员20余人，历时3个多月，对都江堰、沐川、邻水、洪雅4县（市）的所有林业项目资金进行了综合性稽查，对平昌、万源、利州、三台、绵竹、蓬溪、西充、资中、荣县、安岳、江安、古蔺、盐边、雨城、稻城、若尔盖、雷波17个县（市、区）的林业产业、天然林资源保护工程二期、生态效益补偿、森林植被恢复费、湿地保护、燃油补贴、灾后重建、防沙治沙、森林防火等林业项目进行了专项稽查。同时，还延伸稽查了65个乡（镇）39个林场、森工局、保护区等基层单位。稽查资金总量达12.7亿元。

（二）年度内部审计工作开展情况

2014年，四川省加大了对厅直属单位的内部审计工作，制定出台了《四川省林业厅内部审计办法》。对省林业科学研究院、省森防总站、卧龙特区、大渡河造林局2013年度预算执行情况进行了审计，分别向四家单位出具了审计报告，并要求被审计单位认真整改。

（三）接受国家林业局专项稽查情况

2014年10月，国家林业局基金总站派出稽查组，检查了四川省犍为县、西昌市、盐边县天然林资源保护工程二期工程和湿地保护工程专项资金，对专项资金管理中存在的问题提出了整改要求。

（四）典型案例

1. 项目管理中个别县违反招投标和政府采购相关规定

某县将绿化工程项目化整为零规避招投标。该县林业局使用植被恢复费和土地出让金建设的绿化工程项目，预算资金为288.52万元，按照实施方案应该进行公开招投标，该县以工期短、时间紧为由将项目划分为3期实施，通过竞争性谈判方式确定中标单位，其中标结果3期均为一家公司中标。

某县履行政府采购程序不规范。该县2012年森林植被恢复费中安排的绿化工程项目的种苗采购，经县政府同意进行分散采购。该县财政、审计、采购监督办公室等相关部门人员组成询价组到外地A苗圃等对银杏、桂花等主要绿化苗木进行了询价。最后确定的苗木供应单位与进行询价的苗圃不完全关联，如某省B苗木场提供64万元银杏苗木，某县C公司提供千层金等苗木54.75万元，均不是被询价单位。与C公司直接签订64.62万元购苗协议，未通过政府采购程序。

2. 资金管理中个别县存在套取专项资金，违规截留、提取、使用补助资金的现象

某县编制的2012年省级返还植被恢复费项目虚构林下种植中药材牛膝子50万元，实际用于解决桐子林电站征占用林地应付农民林地补偿费缺口。某市，将2012－2013年集体公益林生态效益补偿资金530万元全部拨付到乡（镇），未兑现到农户，乡（镇）将其用于管护人员的工资、巡山人员误工补助、防火人员培训补助、林区道路维修等。以上存在问题全部整改到位。

二、林业资金运行状况分析

（一）林业资金使用与管理现状

近年来，四川省通过加强林业行业内部稽查，以及财政、审计等外部门的监督、审计，并要求各地对稽查发现的问题举一反三，认真落实整改，林业项目和资金管理总体比较规范，内部控制制度逐步完善，项目资金基本能按照规定专款专用，资金运行总体安全，项目建设基本达到预期目标。

（二）存在的主要问题及原因分析

通过稽查，四川省部分地方在林业项目建设管理中存在项目建设进度缓慢，不按规定程序调整项目建设内容和建设规模，不严格执行招投标和政府采购相关规定，部分项目投资成效较差等问题；在资金和财务管理方面部分地方存在项目资金支付进度慢，账面资金沉淀或滞留财政数额较大，不按规定兑现政策性补助资金，窜用、挤占专项经费以及随意扩大支出范围、提高开支标准、改变专项资金使用方向，会计基础工作较为薄弱等问题。

存在问题的原因，从客观上分析，一是四川省林业项目建设受立地条件、生长周期等影响，项目实施难度大，进度慢；二是部分项目需要验收合格后才能支付资金，造成资金支付进度较慢；三是部分财政补助项目补助标准偏低，与生产的实际需要相差较远。从主观原因分析，部分地方项目和资金管理人才队伍力量薄弱，责任心不强，部门之间配合、协调不够，项目前期工作准备不充分，设计深度不够，导致项目开工迟、进度慢、调整大；个别地方和单位领导法律意识淡薄，不严格执行项目管理程序，不按规章制度办事，放松项目和资金管理，影响了项目建设质量和资金安全运行。

三、主要做法和经验

1. 领导重视、强化措施、深化资金稽查内部审计工作

省林业厅党组高度重视资金稽查工作，厅主要领导多次批示要加强资金稽查和内部审计工作，分管厅领导亲自指导安排部署稽查工作。2014 年，四川省下大力气，从财力和人力上给予充分保障，稽查工作做到了 3 个“全覆盖”：一是稽查范围上，采取每个市（州）稽查 1 个县的方式，实现了市（州）全覆盖；二是稽查项目上，采取综合性检查方式，实现了林业项目全覆盖；三是稽查重点上，采取专项检查方式，实现了重点项目全覆盖。通过稽查，查清查实了项目和资金管理中存在的 12 类问题，印发了 21 期《四川林业资金稽查报告》（以下简称《稽查报告》）分别发送被稽查县和省厅相关领导，对个别问题较为严重的县，还将《稽查报告》抄送县政府，督促整改。通过添措施、添手段，四川省稽查工作实现了年度预期目标。

2. 狠抓问题整改落实，促进项目资金规范管理

省厅于 12 月专门召开稽查整改座谈会，全省各市（州）林业局分管局长和被稽查县林业局主要领导参会，省厅分管领导和驻厅纪检组长到会指导。被稽查县林业局长逐一汇报整改情况，起到了较好效果。省稽查办还派出专人进行整改回访、核实相关情况。通过强化落实整改工作，有力促进了项目和资金的规范化管理。

3. 充分运用稽查成果，严格实行调控措施

对在 2014 年稽查工作中发现存在较为严重问题的县（区）和整改不到位的

县（区），在项目和资金安排上给予调控。分别对在森林植被恢复费使用中存在违规问题的6个县（区），调减直至不安排2014年拟返还植被恢复费；对存在截留公益林生态效益补偿资金等严重违规情况的2个县（市），停止安排2015年公共管护资金；对下属单位存在内控制度不健全的2个县，停止安排国有林场扶贫项目资金。通过严格调控，督促有关县（区）高度警醒、规范管理、防范风险。

四、2015年工作计划及对策建议

1. 认真组织开展好2015年稽查和内部审计工作

四川省林业厅已于3月初向全省21个市（州）林业局印发了《2015年四川林业资金稽查工作指导意见》。2015年，四川省将继续加大资金稽查检查力度，"点面"结合，一方面继续按照3个"全覆盖"的工作方向，开展综和性稽查，同时突出重点，围绕民生工程政策兑现、芦山地震灾后重建等重点项目开展专项稽查工作。此外，四川省林业厅还将加大对直属单位的内部审计工作。

2. 探索创新工作机制和手段

通过实行省、市联动稽查，充分调动市（州）稽查工作的积极性。进一步创新稽查手段，研究制定稽查工作办法，统一稽查工作组的工作量、工作深度和评价尺度等，确保稽查工作客观、公正、准确。

3. 注重加强人才能力培养

一方面计财人员要注重自身学习，通过各种途径加强新政策、新知识的学习，加快知识更新，提高务实技能。另一方面建议国家林业局基金总站组织开展项目管理和稽查业务培训。四川省现有稽查人员大多从事财务工作，对审计、稽查方法和手段不熟悉。通过集中培训，提高稽查人员审计稽查能力和技巧，提高稽查准确率，降低稽查风险，更好履行稽查职能。

贵州省2014年度林业资金稽查监管地方报告

一、稽查监管机构基本情况

经贵州省机构编制委员会批准，于1990年正式成立了贵州省林业基金管理站，为全额拨款正县级单位，核定事业编制10名，实有8人，工作职责是：为林业基金和重点工程项目资金提供监督、管理和服务；负责全省森林植被恢复费、育林基金、森林生态效益补偿基金等林业费（金）的征收和管理工作；负责全省天然林资源保护工程、退耕还林工程等林业重点生态工程资金的监督管理；负责全省林业专项贷款项目的立项、申报，贴息资金分配以及管理工作。

按照省林业厅党组安排，林业基金管理站和计划财务处合署办公，承担规划、计划、资金管理等工作。

二、稽查监管职责履行情况

2014年，林业基金管理站认真履行职责，加强思想、作风、能力建设，努力提高执行能力，圆满完成了上级安排的各项工作任务。在林业资金稽查监管方面，主要开展了以下工作。

（1）根据国家林业局要求，为加强林业资金监管，2014年贵州省对2012－2014年农业综合开发林业项目资金、2011－2013年度林业贷款中央财政贴息资金进行资金稽查，并分别形成资金稽查报告报送国家林业局计资司和基金总站。

（2）为进一步贯彻落实中央“八项”规定、省委“十项”规定要求，严格执行中共中央关于《党政机关厉行节约反对浪费条例》，严格控制因公出国（境），公务用车购置及运行、公务接待经费支出，根据《贵州省林业厅关于对厅直属单位开展“三公”经费专项检查的通知》(〔2014〕黔林办通396号）和《省林业厅关于进一步压缩“三公”经费开支的通知》(黔林计通〔2014〕52号）要求，由厅党组成员、驻厅纪检组组长高郪宁带队，驻厅纪检组监察室和厅计划财务处(基金站)有关人员组成检查组，于2014年11月至2015年1月通过听取汇报、座谈了解、查阅财务资料等方式对12个厅直属单位“三公”经费预算和执行情况、财政专项资金进行全面检查，写出资金检查报告。针对检查中存在的问题，下发整改通知，督促整改。

(3) 根据2014年贵州省林业计划财务工作计划，为加强林业资金监管，2014年5～6月开展了2012－2013年林业工程（项目）资金检查（天然林资源保护工程、退耕还林荒山荒地造林工程、森林植被恢复费、农业综合开发、中央和省级财政造林补贴资金、珠江防护林体系建设工程资金到位、使用、结余情况）。

省林业厅在各县（市、区）和实施单位自查的基础上，从省厅有关处（室）和有关市（州）、县（市、区）林业局抽调财务人员11人，组成4个检查组，对桐梓等18个县（市、区）进行综合检查。综合检查工作于5月19日开始，到6月23日全面结束，历时36天。为了统一方法，保证综合检查工作质量，检查前对财务人员进行了为期1天的培训，对检查的内容、方法、表格填记等进行了详细讲解，并对检查工作纪律做了严格要求。通知被检查单位提前将以上项目资金2012年至2014年5月的报表、账本、记账凭证、原始凭证、可行性研究报告、作业设计（初步设计、实施方案）、单项设计、审批文件、资金拨付文件、花名册、合同、检查验收手续、自查工作总结、中介机构出具的《农业综合开发林业项目竣工审计报告》等相关资料准备齐全。各检查组到达被查单位后，收集有关资料，并逐项进行检查核实，检查组向县有关领导和林业局通报检查结果，针对检查发现的问题提出整改意见。综合检查结束后，收集整理18个县（市、区）4个检查组的资金检查材料，写出资金检查报告。针对检查中存在的问题，下发整改通知，督促整改。

三、林业资金运行状况分析

贵州省2014年落实林业投资40.2亿元，其中中央投入33.6亿元，主要包括：天然林资源保护工程中央财政专项资金16837万元（包括森林管护经费10545万元，政策性支出1315万元，社会保险补助4977万元）；天然林资源保护工程二期完成营造林25.33万亩、森林抚育16.1万亩；中央级巩固退耕还林专项67439万元，中央完善退耕还林政策补助77725万元；国家级公益林森林生态效益补偿基金72959万元；国家林木良种补贴资金1670万元；国有林场基础设施建设省级资金1495万元，国有林区公路中央资金5400万元，国有林场危旧房改造及配套基础设施建设项目资金997万元；石阡鸳鸯湖湿地项目省级配套100万元；农业综合开发中央财政资金2826万元，中央油茶林发展专项900万元，中央造林补贴8150万元；林业科技推广项目补助1500万元；自然保护区经费 6307 万元。

（一）资金拨付到位情况

省、市（州）两级林业主管部门和财政部门严格执行资金拨付有关规定，未发现截留、挤占、挪用国家和省级林业资金的问题，在规定时限内及时下拨了资金。大部分县（市、区）能较好执行资金拨付规定，一些县（主要集中在黔东南自治县）存在占用林业工程项目资金，拨付、报账极为迟缓的问题，主要原因是地方债务重，占用林业工程项目的资金作周转。

（二）资金使用与管理

大部分市（州）、县（市、区）林业主管部门能按照林业重点工程管理办法管理和使用林业资金，但有部分县（市、区）在资金使用过程中出现以下问题。①资金滞留方面的问题。主要表现为两种情况：一种是未实行县级财政报账制的，林业资金应拨而未拨到林业局账上；另一种是实行县级财政报账制的，得不到报账。②擅自变更投资计划。③未按工程项目的管理要求单独建账核算。④未执行规定的会计制度，会计核算不完整，会计账簿及科目设置与应用不当，核算不及时。⑤原始票据、凭证基本要素不齐、审核签批程序不全、报账手续不完备。

（三）资金使用绩效

根据造林实绩核查、资源监测、工程项目检查验收等方面的结果分析，绝大部分林业资金发挥了应有的作用，取得了较好的生态、经济和社会效益。但一些县（市、区）的林业资金也存在使用效益较低的问题，主要反应在造林成活率不达标，主要原因一是工程项目实施单位管理不到位；二是造林成本高、投资标准低；三是气候异常。

四、存在的主要问题

（1）营造林资金投入主要依靠中央财政投入，地方各级财政资金投入较少。林业项目补助标准偏低，与其他部门实施的涉林项目补助标准差距较大。

（2）由于贵州省林业厅未成立独立的林业资金稽查机构，林业资金稽查由计划财务处和基金站承担，稽查人员全部是兼职，也从未有机会参加稽查培训，稽查工作的稳定性和质量都无法保障。

（3）财政体制改革给林业工程项目资金管理带来了一定的负面影响。21 世纪初，开始实行的会计集中核算制度，由于会计核算中心核算人员对林业行业不了解、对林业工程项目资金管理规定和会计制度不熟悉，加上会计核算中心一个会计要承担多个部门的会计工作，精力有限，造成贵州省林业工程项目会计核算和财务管理在前些年有倒退的现象。待会计核算中心基本掌握林业工程项目资金管理规定时，由2010年开始陆续解散会计核算中心，各部门的会计核算工作又回到原单位，此时，许多县级林业主管部门已经没有会计机构和编制，财务人员多为借调，人员变动频繁，为林业工程项目资金的管理带来了诸多困难，大批的财务人员需要重新进行培训。

（4）近年来县级林业主管部门机构调整范围过大、人员流动较大。贵州省遵义市、安顺市所属县级林业部门近年来发生了与农业、环保等部门合并、分离的过程，在合并和分离的过程中财务人员变化较大，增加了资金的合并、分账工作量、难度，许多县级林业主管部门本身财务管理能力就比较差，造成许多专项资金结余情况不清楚，账务发生混乱。在每年的检查中，或多或少地存在会计制度选择不符合林业项目专项资金会计制度的规定，会计科目设置不准确、超预算使用资金、会计基础工作不规范的现象。

五、对策与建议

（1）贵州省属于经济欠发达、财政较为困难的省份，林业项目建设地县级配套资金落实难度较大。建议国家在安排贵州省林业建设项目时，对地方配套资金不做要求或尽量减少配套比例，以促进贵州省林业生态建设的快速发展。

（2）建议国家林业局出台相关政策，明确机构和职能，成立独立的贵州省林业资金稽查机构。

（3）建议国家林业局稽查办每年定期举办稽查人员相关业务培训，加强各省行业内部稽查工作业务交流，提高林业行业资金稽查监管业务水平，保证稽查队伍有较高的综合素质，确保林业工程项目资金安全和有效运行。

（4）建议加强会计基础工作规范，严格按照《会计法》、《会计基础工作规范》和各项林业专项资金管理规定，正确选择会计核算办法，科学、合理设置会计科目，按照规定进行专账核算，并正确核算收入和费用，将单位相关经济业务全部纳入核算范围，杜绝账外设账、小金库、大额现金支付行为。

云南省2014年度林业资金稽查监管地方报告

2014年工作，云南省林业资金稽查办公室（以下简称稽查办）在厅党组的正确领导下，认真学习党的十八大、十八届三中、四中全会会议精神，学习习总书记系列重要讲话，贯彻落实全省林业局局长会议精神，按照《2014年云南林业工作要点》，认真制定稽查办2014年工作计划和各项工作方案。坚持用中国特色社会主义理论统领稽查和内部审计工作，转变稽查、审计理念，加大稽查力度，狠抓制度建设，坚持依法行政。一方面扎实深入开展规范稽查，大力强化稽查内部管理，规范稽查程序，提高稽查质量；另一方面狠抓违规案件查处，发挥以查促管、以查促改的职能作用，积极开展林业系统内部审计和林业重点工程稽查工作。

一、稽查监管职责履行情况

（一）重点工程稽查

1. 组织开展全省天然林资源保护工程二期和湿地保护工程资金自检自查，配合国家林业局完成重点抽查

按照国家林业局《关于开展天然林资源保护工程二期和湿地保护工程资金稽查的通知》要求，稽查办及时组织了全省13个州（市）72个县（市、区）3个重点森工企业共75个实施单位进行了自检自查，编写上报了天然林资源保护工程二期资金、天然林资源保护区森林抚育补贴资金和湿地保护工程资金三个自查报告。在完成自查上报工作以后，配合国家林业局基金总站对洱源、玉龙、丘北和香格里拉四县天然林资源保护工程二期及所属的西湖、拉市海、普者黑和碧塔海四个湿地保护工程进行稽查，对稽查发现的问题，由厅稽查办负责督促项目实施单位进行整改，同时将国家林业局稽查发现的问题进行了梳理，提供给分管厅领导和相关业务部门，以供改进管理工作。

2. 完成了全省 2013 年度森林生态效益补偿责任制检查考核资金检查考核工作

根据《云南省林业厅 云南省财政厅关于开展 2013 年度森林生态效益补偿责任制检查考核工作的通知》和《云南省 2013 年度森林生态效益补偿责任制检查考核方案》，厅稽查办在人手不足的情况下，通过借用培训州（市）林业局财会人员的方式，共借用 5 名人员与稽查办 4 名人员共同组成检查考核工作组，对全省 16 个州（市）及 26 个被检查县（市、区）开展了补偿资金检查考核工作。通过深入细致的查阅会计凭证和相关管理台账，对一些单位存在的补偿金兑现滞后、擅自改变资金计划、管护劳务费结余多、安排公共管护资金项目随意性大和财务管理不规范等问题现场提出了整改要求，为森林生态效益补偿资金安全做出了努力。在此基础上，编制完成了 16 个州（市）和全省的森林生态效益补偿责任制资金检查考核报告，并在全省进行了通报。

3. 在全省开展了 2012 年度林业贴息贷款项目和贴息资金检查工作

根据国家林业局林业基金管理总站《关于进一步加强林业贴息贷款项目检查监督工作的通知》要求，2014 年厅稽查办组织开展了全省 2012 年度林业贷款项目及财政贴息资金检查工作。7 月，下发了《云南省林业厅关于开展 2012 年度林业贴息贷款及贴息资金检查工作的通知》，相关县（区、市）及项目实施单位开展了自查，州（市）认真进行了核实。9 月初，各州（市）按要求向厅稽查办上报了自查报告。10 月中旬，厅稽查办对 2 个州（市）、4 个县（区、市）和 4 个公司实施了重点抽查。检查的主要内容一是财政贴息资金申报审核管理情况，二是林业贴息贷款项目实施情况，三是林业贷款及财政贴息资金的使用情况，四是林业小额贴息贷款项目管理情况。通过此次检查，对一些单位存在的项目未能如期完成、贴息贷款和贴息资金未做到专款专用和项目监管制度未能落实等问题现场提出了整改意见，对问题比较突出的建水县大洋林化有限公司发出了专项稽查通知。同时，将此次检查中发现的问题进行了梳理，提供给分管厅领导和相关业务部门，以供改进管理工作。

4. 配合厅计划财务处、防火处进行森林重点火险区综合治理二期工程检查验收

通过对 9 个州（市）、34 个县（区、市）的项目检查验收，按照《云南省滇西北地区森林重点火险区综合治理二期工程建设初步设计批复》下达的建设内容和工程质量要求，对不符合项目基本建设程序、不应纳入项目核算的支出做出了调整和剔除，为资产依法合理形成把好关。

5. 举办了 16 个州（市）财务、审计、稽查人员培训

为提高基层人员对资金监管的意识和业务水平，采取以会代训的方法，利用 4 天时间，就《云南省林业厅重点工程稽查办工作规范》、《林业资金违规违纪问题分类》、《 林业资金违规违纪问题详解》和《稽查工程用表》等内容进行了讲解，参培人员 80 多人。

6. 稽查办派出 4 组人员开展项目检查验收

4 组人员对 29 个县（区、市）国家实施林木良种培养补贴项目、4 个草本药材苗木培养项目、3 个苗圃项目进行了检查验收。

（二）内部审计

1. 招标选定审计代理机构

根据财务审计及重点工程稽查工作发展的需要，2014 年由省林业厅统一委托会计师事务所对厅属单位年度财务收支、经济责任和林业重点工程及专项资金进行审计。参照《中华人民共和国招标投标法》、《委托其会计师事务所审计招标规范》的有关规定，按照“公开、公平、公正”的原则，采取公开招标的方式，一是发出审计招标公告；二是审核、查验报名单位的相关资质、证件；三是组织招标领导小组对前来报送投标文件的会计师事务所进行开标，按规定对投标文件和投标书、资质证明文件进行审阅评标；四是按照评分标准进行综合评审，最后择优选定三家会计师事务所；五是发出中标公告，择优选定 3 家会计师事务所，委托其共同承办云南省林业厅重点工程稽查办公室交办的一揽子审计业务。

2. 完成 7 个审计报告

对技术推广总站原站长、云南省林业工会委员会原主席进行离任经济责任审计，对云南森保公司清算前进行财务收支专项审计，对云南省林业科学研究院（含下属 3 个站、所）、云南省农村能源工作站、云南省木材检查服务总站（含华坪、呈贡、楚雄木材检查站）、云南省林业国际合作办公室进行财务收支审计。

（三）行政绩效管理

一是云南省林业厅对 2013 年行政绩效管理工作进行总结和自检自查，并接受省绩效办考评，被评为优秀，受到表彰，总结编写了经验交流材料。二是组织有关部门研究省林业厅 2014 年行政绩效管理工作，确定了行政管理重点事项（工作）5 项，编制了实施方案。

（四）宣传报道工作

2014 年，稽查办为林业厅网站、云南林业信息、云南林业等媒体和刊物供稿 8 篇，力所能及地宣传了云南林业稽查工作。

二、2015 年工作计划

2015 年，厅稽查办要把林业资金稽查工作和内部审计工作置于现代林业建设的大局中来定位和把握，紧紧围绕林业工作大局和资金管理的总体要求，紧扣“确保林业资金安全有效运行”这个主题，以资金稽查为手段，以提高全行业资金管理水平为目标，继续本着“一查、二帮、三促进”的原则，进一步完善稽查监管机制，加大稽查监管工作力度，不断把稽查工作向纵深推进，为林业建设又好又快发展保驾护航。

1. 进一步加强组织领导和制度建设

要进一步加强对林业资金稽查和内部审计工作的组织领导。要从上到下建立起林业资金安全运行和林业资金稽查工作的目标责任制，把加强林业资金安全有效运行的责任真正落到实处。稽查办要切实发挥对州（市）级稽查工作的组织、指导作用，努力构建稽查工作良好运行的体制、机制。要进一步建立完善林业资金稽查管理的各项规章制度，进一步明确并强化林业资金稽查监管机构的职能，为林业资金监管工作的规范有效开展提供制度保障。

2. 进一步加强机构队伍建设

林业资金的安全性、有效性是林业健康发展的重要领域，也是事业安全、干部安全的关键部位。要加强对稽查监管人员的业务培训和职业操守教育，建立完善稽查岗位责任制，不断提高队伍政治素质、业务素质和执纪能力。稽查业务人员要不断加强对财经法纪和专业知识的学习，特别是要加强对《预算法》、《会计法》、《审计法》、《政府采购法》、《行政许可法》、《财政违法行为处罚处分条例》、《中国共产党纪律处分条例》、《物权法》等相关法律法规的学习；此外，还要加强对国家计划、财政、税收、金融、经贸等方面政策和知识的学习，不断提高做好资金稽查工作的本领和水平。稽查监管人员要强化岗位责任意识、大局意识、风险意识和廉洁自律意识，认真履行职责，以过硬的素质、优良的作风、奋发有为的精神状态履行好党和人民赋予的神圣职责。

3. 进一步改进稽查工作方式

要进一步加强林业资金稽查工作的体系建设。充分发挥稽查办对各州（市）级稽查工作的组织、指导作用，形成省稽查办对各州（市）级稽查机构上下对口联动的稽查工作体系，建立起常规稽查、重点稽查、专项稽查相结合的稽查机制和对资金的动态监测体系。要加强资金稽查调研工作，进一步增强稽查工作的针对性和有效性；要加强稽查信息交流，提高对林业资金运行状况总体把握的能力；要加强对林业资金运行中实际问题的研究，为林业科学决策和宏观政策的调整提供切实可行的意见建议。

4. 进一步加大对违规违纪问题的处罚力度

要进一步按照违规违纪问题责任追究制的要求，建立起对稽查和内部审计发现问题的跟踪整改机制。要对发现的问题进行整改跟踪，对资金使用效益不高、违规违纪情况严重，特别是对查而不改、屡查屡犯的单位和地区要坚决进行项目和资金调控，对有严重违法乱纪行为的要明确提出处理意见，提高稽查工作的严肃性、权威性和有效性，为促进林业建设资金安全有效运行发挥应有作用。

陕西省2014年度林业资金稽查监管地方报告

一、稽查监管职责履行情况

根据省林业厅2014年度林业资金稽查工作要点，厅稽查办及时制定了《2014年林业重点工程资金稽查工作方案》，明确各季度稽查任务；开展稽查前培训；组织稽查人员认真学习林业重点工程相关政策、资金使用管理规定；互相交流，取长补短，熟悉掌握相关政策规定；突出重点，狠抓落实。

（一）开展2013年天然林资源保护工程资金省级核查

根据省林业厅安排，组织对蓝田县等38个县局级实施单位2013年的天然林资源保护工程资金进行了稽查。涉及资金176161万元。针对存在的问题，要求有关单位抓紧整改，并组织人员进行追踪整改。

（二）开展项目资金稽查

及时下发《稽查方案》，安排各市对2012－2013年三北和长防林工程、种苗工程建设资金，中央财政补贴生态效益补偿、造林补贴、森林抚育项目资金，省级财政补贴重点区域绿化、干杂果经济林补助项目资金使用情况进行自查自纠。重点对15个县（区）进行重点抽查。针对存在的问题，要求有关单位落实整改措施，抓紧整改纠正，并组织人员进行追踪整改。

（三）配合国家林业局稽查办和省发改委开展项目资金稽查和督查

9月，配合国家林业局基金总站对宜川县林业局、韩城市林业局、千阳县林业局、龙草坪林业局、省飞播站2011－2013年天然林资源保护资金进行了稽查；对省黄河湿地省级自然保护区、韩城市澽水国家湿地公园、千阳千湖湿地自然保护区2011 – 2013年湿地保护补助资金进行了稽查。对发现的问题，及时向有关部门通报检查情况，并要求有关单位抓紧整改，向林业厅上报整改结果。另外，与省发改委对咸阳、宝鸡、汉中市2008 – 2014年巩固退耕还林成果专项规划实施情况进行了督查。重点对咸阳、宝鸡、汉中3市6县（乾县、长武、扶风、眉县、勉县、略阳）2008 – 2014年基本口粮田、补植补造、后续产业、农村能源、生态移民项目进行了督查。

二、林业资金运行状况分析

陕西省近年来采取多种措施，狠抓林业项目资金稽查监管，取得了良好的效果。从2014年稽查、审计和调查的情况看，陕西省林业项目资金管理使用和项目进展情况较好，一是各单位领导高度重视，主管领导亲自抓项目施工质量和进度，积极推进项目建设。二是项目管理比较规范。实施单位项目基本履行了项目审批、工程报建、公开招标、合同签订、施工现场管理、财务报账等基建程序，执行项目法人负责制、招投标制、工程监理制、合同管理制。三是项目资金基本能够做到专账管理和核算、专户存储、专款专用。

三、存在的主要问题

林业资金使用管理中也存在一些问题。一是项目计划下达晚，资金拨付迟缓，项目没有前期经费。省厅计划下达时间较晚，基层调研、规划、初步设计的编制、评审都需要一些时间，造成当年的项目当年无法实施。项目前期调研、初步设计编制、评审以及项目检查验收需要经费，县林业局没有经费来源，负担很重。二是个别单位项目管理不规范，财务报销手续不完备，核算与项目设计不符，项目财务档案缺失，存在以拨代支问题。三是集体林生态补偿资金兑现难度大，资金滞留严重。检查发现，各区（县）林权改革落界不到位。由于公益林区划在先，而林权制度改革在后，出现林改宗地分割公益林小班现象，形成公益林小班内不完整宗地。由于存在不完整宗地无法准确判断读和林农对判读面积不认可等因素，在兑现过程中引发纠纷。另外，国家确定的公益林面积和天然林资源保护二期工程确定的国家公益林面积不一致，省上下达各县年度补偿面积和补偿资金不一致，生态效益补偿资金滞留严重，兑现工作困难很大。四是造林投资标准太低，补植补造资金难以落实。林业项目管理与国家造林政策不匹配。国家对地方造林实行的是“补贴制”，项目按全额设计，按全部工程进行检查验收，资金按补贴供给。下达投资少，完成任务量大，影响造林成效。据了解，近几年苗木价格、人工费标准提高，造林成本加大。加之干旱，造林成活率、保存率较低，一些县（区）补植补造资金无法落实。五是市、县配套资金落不实。从检查的情况看，陕西省林业重点工程实施以来，县级配套资金都无法落实。加之国家制定的造林标准低，项目建设资金缺口大。

四、几点建议

（一）建议林业项目取消县级配套，加大中央和省级投资比例

陕西省项目实施区基本上都是贫困山区，经济发展落后，多为“吃饭”财政，县财政十分困难，地方配套资金难以落实。建议取消县级配套，加大中央和省级投资力度比例。

（二）加强稽查人员的业务培训

建议国家林业局稽查办定期举办稽查人员相关业务培训，促使加强林业重点工程资金有关政策、制度、办法的学习，不断提高业务素质，管好用好林业重点工程资金。

（三）加强行业资金稽查工作的业务指导

通过几年对林业重点工程资金稽查工作的实践探索，摸索出了一些经验和做法，但还需要进一步完善，需要不断学习补充。建议国家林业局稽查办组织各省（自治区、直辖市）之间定期相互交流经验，现场考察学习，不断提高稽查工作质量和水平，确保林业重点工程顺利实施。

甘肃省 2014 年度 林业资金稽查监管地方报告

一、稽查监管职责履行情况

（一）制度建设

根据全国林业厅局长会议和全省林业局局长会议精神，下发了《关于加强林业项目和资金管理的通知》，制定印发了《甘肃省林业厅直属事业单位国有资产管理办法》等规章制度，着手修订完善《甘肃省中央财政林业补助资金管理办法实施细则》等管理办法，进一步健全了林业资金管理的规范和制度，强化了制度在林业项目和资金管理中的基础性作用。

（二）重点项目专项稽查

根据国家林业局基金管理总站《关于开展天然林保护工程二期和湿地保护工程资金稽查的通知》（林基稽〔2014〕12 号）和甘肃省财政厅、甘肃省林业厅、甘肃银监局《关于开展林业贷款贴息补贴使用管理情况专项检查的通知》（财办农〔2014〕35 号）等精神，组成联合检查组，在各县（区）自查的基础上，从以下几个方面对林业重点项目资金进行了专项稽查。

1. 天然林资源保护工程资金稽查

对 2 个市和 4 个直属单位 2011 – 2013 年天然林资源保护工程二期资金使用和管理、天然林资源保护工程管护站点建设及一次性安置社会保险落实情况进行了重点抽查，涉及资金 235403 万元，现场察看 11 个管护站点。

2. 湿地保护工程资金稽查

对 2011 – 2013 年度安排的甘肃张掖黑河流域中游、甘肃阿克塞大苏干湖 2 个湿地保护工程和尕海则岔等 6 个湿地保护补助项目进行了稽查，涉及资金 9815 万元。

3. 森林生态效益补偿基金稽查

对 5 个市 2 个直属单位 2010 – 2013 年度森林生态效益补偿基金的使用和

管理情况进行了稽查，涉及资金 22519.90 万元。

4. 三北防护林资金稽查

对 5 个市 2 个直属单位 2011 – 2013 年度三北防护林建设资金的使用和管理情况进行了稽查，涉及资金 10847.50 万元。

5. 造林补贴资金稽查

对 5 个市 2 个直属单位 2011 – 2013 年度造林补贴资金的使用和管理情况进行了稽查，涉及资金 2097.70 万元。

6. 林业贷款财政贴息补贴资金稽查

对全省 13 个市（州）26 个县（区）2011 – 2013 年度林业贴息贷款项目建设及资金使用管理情况进行了专项检查，涉及林业贴息贷款项目 100 多个，贷款 123918.40 万元、财政贴息 5339.58 万元。

从稽查情况看，大部分项目单位认真执行有关资金和项目管理制度，能够严格按照批复的实施方案或作业设计实施项目，做到了专项资金单独建账、专款专用，项目资金发挥了应有的效益。但稽查中也发现了部分县（区）在林业项目管理中审核把关不严、制度执行不力、监督检查不到位、资金管理使用方面不规范等问题，对存在问题的 5 个县（区）和 6 个企业单位在全省范围内进行了通报，并按照相关规定全部进行了整改。

（三）培训与宣教

举办了全省林业项目资金管理培训班，邀请财政、审计及纪检等有关人员授课，对各市（州）、厅直属单位 180 多名财务负责人、会计人员进行了会计基础知识、法律法规和廉政建设教育等方面的专题培训，坚定了财务人员的责任意识和法纪观念，切实增强了规范管理使用林业项目资金的自觉性和责任感。

（四）协助稽查检查

配合国家审计署对甘肃省林业贷款财政贴息补贴资金进行了审计，共审计林业贴息贷款项目 34 个，贷款 67890 万元、财政贴息 2292.99 万元，并对检查出的问题限期进行了整改。

（五）稽查成效

2014 年度共计稽查资金总额 28.6 亿元，是历年来涉及资金量最大、林业项目最多、检查范围最广的一次资金检查。其中林业贴息贷款检查项目个数占 3 年总数的 58%，贷款占 3 年总量的 75%，财政贴息占 3 年总量的 63%。连续几年的稽查表明，林业资金管理工作不断加强，项目管理水平不断提高，财务管理制度逐步完善，资金管理使用工作得到了各级领导重视，监管力度不断加大，有效杜绝了挪用、挤占林业专项资金的现象，提高了林业资金的使用效率。

二、林业资金运行状况分析

（一）林业资金使用与管理现状

林业资金稽查结果表明，甘肃省林业资金运行状况总体良好，项目资金能严格按照上级下达的投资计划、资金预算指标及时分解拨付到位，资金使用基本做到了专账管理、专款专用、单独核算，会计核算较为规范，工程项目实施比较顺利，并按照批复的实施方案或作业设计实施项目，地方配套资金基本到位，国家和省级有关规定能得到严格执行，部分企业通过林业贴息政策扶持与银行贷款支撑逐渐壮大和成熟。

（二）存在的主要问题

一是资金使用管理方面，个别单位还存在挤占、挪用专项资金及超范围使用资金现象，会计基础工作不规范等；二是项目进展和支出进度缓慢，部分单位结转结余资金较大；三是三北防护林等营造林工程造林补助标准过低，一定程度上影响了工程建设成效；四是地方配套资金落实难度大。

（三）存在问题的原因分析

存在问题的主要原因，一是内控制度不够健全，经济活动的决策、执行和监督相互分离，没有真正形成用制度管钱、按制度办事的财务监管体制；二是财务管理人员对管理制度和核算办法掌握得不够扎实，在实际工作中对国家项目资金政策吃得不透，理解得不深，致使财务工作还存在隐患和漏洞；三是“重项目资金争取、轻项目建设管理”的思想依然存在，导致项目调研和审查不到位、调整批复计划、进度缓慢、质量不过关、竣工验收不及时等问题较为突出；四是资金稽查力量薄弱，组织机构不够健全，专业人员缺少，无法有效对全省林业项目资金实施全面监管。

三、主要做法和经验

一是明确各级林业主管部门在项目和资金管理中的责任，实行项目申报真实性的承诺制度。年初有安排，年终有考核，督促各级林业部门和单位认真组织项目实施，落实资金管理责任。

二是林业贷款贴息补贴政策建立了贷款真实性核查制度，对所有上报项目均通过征信系统进行核实，确保贷款真实有效，杜绝虚报套取现象的发生。对于违规行为情节严重的企业单位，取消其3年内林业贷款贴息资金申报资格，相应调减有关县（市）次年林业贴息贷款计划。

三是通过林业资金稽查，要求各地各单位对照有关林业专项资金管理办法，对安排的各类林业专项资金使用情况认真开展“回头看”，查漏补缺，确保资金专款专用，最大限度地发挥其使用效益。

四是通过定期培训，提高了财务人员的能力和水平，使其熟练掌握林业项目资金管理相关政策、制度和办法，有效地提升了业务人员综合素质。

四、对策与建议

1. 建立资金稽查常态化工作机制

研究制定甘肃省林业资金稽查管理办法，加强稽查机构的组织领导，选拔业务能力强、有责任心、敢于担当的人员相对固定地承担稽查工作。会同财政、银监、审计、纪检等部门开展交叉稽查、联合稽查、稽查调研等活动，确保林业建设资金安全高效运行。

2. 提高现行林业重点工程投资标准

据测算，甘肃省造林成本平均每亩在 800 ~ 1500 元，远高于目前国家工程造林人工造林 300 元 / 亩、封山（沙）育林 70 元 / 亩的补助标准，建议国家针对甘肃省造林难度大、成本高的实际，对甘肃省实行区域差异化的林业投资政策，提高甘肃省的天然林资源保护、三北防护林等重点工程投资标准，将人工造林每亩补助提高到 600 元，封山（沙）育林每亩补助提高到 300 元。

3. 加强稽查人员的业务培训力度

根据林业资金稽查需要，加强稽查队伍能力建设，对稽查人员开展业务技术培训，特别是对政策的执行、问题的定性等方面的培训，最大限度地降低稽查风险，让稽查人员能够更好地运用稽查手段履行监督职责。

青海省2014年度林业资金稽查监管地方报告

一、稽查监管机构基本情况

青海省林业厅审计办公室（以下简称审计办）成立于2001年4月，设在青海省林业厅发展规划与资金管理处，为内设机构，现有1名兼职稽查工作人员，主要工作职责是：在厅统一组织领导下，监督管理青海省林业重点工程和财政专项资金的使用管理；负责内部审计工作，监督检查厅属各二级财务单位的预算执行、经济效益情况；参与林业重点工程项目的审定与竣工验收；对违法、违规问题，按照国家和省有关规定，提出整改意见等。林业工程资金监管主要采取事前介入、事中监督、事后项目效益评价以及专项稽查等方式，稽查监管的对象为青海省林业重点工程实施地区的各级林业主管部门及项目实施单位。

二、稽查监管职责履行情况

（一）进一步完善了监管制度

依据《中央财政林业补贴资金管理办法》、《中央财政现代农业生产发展资金管理办法》、《中央财政湿地保护补助资金管理暂行办法》等有关文件规定，结合青海省实际，研究制定了《青海省财政林业补贴资金管理办法实施细则》等管理制度，建立了林业重点工程项目资金例行稽查制度，实现了稽查工作常态化。

（二）及时部署工作，强化管理

省林业厅将重点工程资金稽查列入年度工作计划，主管厅长和厅主管处（室）领导多次专题听取省林业厅审计办的年度工作计划和重点工程稽查情况的汇报，确定年度稽查工作重点，并在人力、物力和财力上给予保障。省林业厅审计办根据年度工作重点，制定稽查方案，下发林业资金稽查通知，及时组织开展稽查工作，形成稽查报告，并针对稽查中发现的问题下发通报，提出整改意见，督促各地整改。建立林业资金稽查档案。

（三）及时组织完成重点工程项目稽查工作

根据青海省2014年内部审计和林业重点工程资金稽查计划，2014年青海省累计派出9个稽查组27人次，对青海省2012－2013年天然林资源保护工程、湿地保护补助资金、森林抚育补贴试点资金、森林生态效益补偿基金、省级财政支农资金、2011－2013年林业贴息贷款及贴息资金使用管理情况进行了实地稽查，共涉及资金277496.5万元。通过组成稽查组，实地抽检，听取项目单位工作汇报，实施现场查看、账务检查等工作，重点稽查项目的建设程序执行情况、招投标管理情况、资金管理使用情况、项目完成情况以及档案管理等。

1. 天然林资源保护工程项目

根据省林业厅审计办2014年度林业资金稽查工作计划，实地抽查了全省8个市（州）的37个单位的2012－2013年度天然林资源保护工程项目建设情况，总投资75072.19万元，抽查面达到95%。

2. 森林生态效益补偿基金

根据省林业厅审计办2014年度林业资金稽查工作计划，对全省8个市（州）的58个项目实施单位2012－2013年度森林生态效益补偿基金进行了稽查，项目共涉及建设资金137864.64万元。

3. 森林抚育补贴试点资金

根据国家林业局基金总站的安排，对3个市（州）8个项目实施单位2012－2013年度的森林抚育补贴试点资金进行了稽查，共检查资金1956万元。

4. 省级财政支农资金

根据省林业厅审计办2014年度林业资金稽查工作计划，对全省8个市（州）40个项目实施单位2012－2013年度省级财政支农资金进行了稽查，共检查资金15440.16万元。

5. 中央财政湿地保护补助专项

根据国家林业局基金总站的安排，对全省3个市（州）的3个项目实施单位2011－2013年度中央财政湿地保护补助专项资金进行了稽查，共检查中央财政湿地保护补助资金1236万元，抽查率60%。

6. 林木良种补贴等专项资金

根据省林业厅审计办2014年度林业资金稽查工作计划，对全省5个市（州）20个项目实施单位2012－2013年度林木良种补贴试点、国有贫困林场扶贫资金、湿地保护补助资金、国家级自然保护区建设项目资金进行了稽查，共检查资金6100.95万元。

7. 林业贴息贷款及贴息资金

根据财政部、国家林业局、银监会的要求，青海省对全省6个市（州）11个项目实施县2011 – 2013年度林业贴息贷款及贴息资金进行了稽查，共检查林业贴息贷款34223万元、贴息资金2801.82万元，抽查率100%。

以上稽查情况均形成了相应的报告，并针对不同问题，以下发整改通报、电话跟踪等形式，督促项目单位进行限期整改，确保了林业项目质量和资金安全。

三、稽查监管成效

通过稽查，全面提高了青海省林业重点工程项目的建设管理水平，主要体现在以下方面。

1. 进一步加强了项目管理

通过对林业重点工程资金的稽查，对项目实施程序不规范、会计核算不规范、擅自变更项目建设规模等问题进行了整改。项目单位通过整改，补充完善了相关材料，加强了项目建设管理。

2. 规范了项目的资金管理

对稽查中发现的未（单独）建账、以拨代支、大额现金交易等问题，逐一下发整改通知，各项目单位对存在问题高度重视，组织相关人员进行了整改，并在以后的项目中进行严格规范管理，有效提高了项目的资金管理水平。

3. 督促了项目的实施

对实施进度缓慢的湿地保护、天然林资源保护、森林抚育等项目，督促项目实施单位加快项目实施进度。通过稽查对发现的问题进行整改或调整，使项目得到顺利实施。

四、存在的主要问题及原因分析

近年来，通过推行规范化管理和加大稽查力度，各地项目的实施和资金使用管理日趋规范，实施项目的组织领导、建设主体和责任人员落实，建立了相应的项目资金和工程建设管理等内部管理制度，保证了项目的顺利实施和工程建设质量，取得了较好的成效。但通过稽查，发现部分地方项目实施中还存在以下问题。

（1）未按要求单独建账。检查中发现，部分项目单位未按基本建设管理要求实行专账核算、专人管理。

（2）现金管理不规范。部分工程款项采用大额现金方式结算。

（3）部分县（市）项目实施进度缓慢。检查中发现，部分县（市）的天然林资源保护工程和三北防护林营造林项目都存在项目进度缓慢的问题。

(4) 部分项目实施单位存在以拨代支现象。检查时部分单位未按项目建设的要求进行独立核算，将项目资金拨付给项目实施单位，以拨付代替支出。

(5) 会计核算不规范。有的单位两套会计核算制度同时运行，支出核算混乱，固定资产账账不符、账物不符。主要原因是固定资产账面上有记载，但实物已经不存在，或者有些捐赠或划拨的固定资产未及时入账，造成账实不符；新设立的财务单位与原财务单位之间未办理相应的资产移交手续，导致两个单位的固定资产与账面不符；有些单位的原始票据不能反映经济业务的本来面目，存在随意扩大开支范围、提高开支标准等问题；个别单位年终结账不规范，将收入和支出相对转，使“结余”科目不能正确、完整地反映核算单位的结余状况。

(6) 存在挤占或挪用林业专项资金的现象。个别单位存在挤占或挪用专项资金现象。

专栏　典型案例

案例一：固定资产账实不符

某单位未将购置的固定资产及时入账，造成固定资产账实不符，存在台式电脑盘点数比账面数多3台，办公桌椅盘点数比账面数多3套，照相机盘点数比账面数多4台，摄像机盘点数比账面数多1台的现象，容易造成固定资产流失。对检查出的问题，下发了整改通知，督促项目单位进行了整改。

案例二：林业贴息贷款部分资金没有专款专用

在稽查林业贴息贷款及贴息资金使用管理情况时，发现某项目实施单位对林业贴息补贴贷款项目中部分资金没有专款专用，将枸杞经济林基地建设项目贷款588.5万元，用于归还以前年度贷款；将育苗基地建设项目贷款中39.6万元，用于油菜基地建设项目中。对检查出的林业贴息补贴项目贷款没有用于林业项目建设部分的贴息资金，省财政将在下达的贴息补贴资金中进行扣除。

存在上述问题的主要原因：一是疏于管理。个别县级林业主管部门对资金管理不严，导致会计核算不规范，报账程序不健全；二是林业项目本身的特殊性原因，例如，三北防护林和天然林资源保护工程营造林项目，由于受青海省气候条件的限制，当年无法完成、实现项目成效，致使项目进度缓慢；三是财务管理人员变换频繁，对会计人员的培训跟不上，会计人员的业务水平层次不齐，会计核算不规范。

五、主要做法和经验

(1) 围绕中心，服务大局。青海省项目稽查工作紧紧围绕林业改革发展中心工作，以推进和保障中央、省委省政府确定的林业投资重点工程和重点项目顺利实施为重点，确定每年的稽查工作任务，开展稽查工作。2014 年青海省根据林业重点工作，在开展天然林资源保护工程资金和森林生态效益补偿基金稽查的基础上，将多年未开展检查的省财政支农专项也作为重点稽查项目之一列入了工作计划。通过稽查工作，推进和规范了项目实施。

(2) 创新机制，提高效率。鉴于省级稽查力量有限，为能全面完成 2014 年的稽查工作任务，委托会计事务所实施林业资金稽查任务，由林业部门和会计事务所抽选优秀财务骨干，组成若干个稽查组，对每年确定的重点项目进行稽查，共同完成资金稽查工作。通过创新稽查组织机制，扩大了项目稽查的覆盖面，提高了稽查工作效率，保证了稽查任务的完成。

(3) 完善工作程序，督促落实整改。按照确定稽查工作任务—制定稽查方案—地方组织自查—厅审计办公室组织实地抽检—出具稽查报告—下发整改通报—督促整改—上报整改报告的程序，组织开展每年的重点项目稽查工作，使确定的稽查整改措施具有针对性，符合项目建设和被稽查单位的实际。同时，对需整改的单位，通过电话跟踪、实地复查等方式进行跟踪审计，确保整改落实到位。

六、对策与建议

(1) 降低或取消地方配套比例。国家的营造林项目投资标准低，青海省财政困难，许多地方配套资金无法落实，影响了造林质量。建议提高造林标准，取消地方配套。

(2) 加强业务培训，提升稽查水平。建立业务培训制度，建议国家林业局基金总站定期开展全国性的林业资金稽查业务培训工作，传达每年的新制度、新规定，加强各省的稽查交流，更好地提高林业稽查队伍的管理和业务水平。

(3) 强化稽查工作。为确保林业资金的安全运行和林业稽查工作顺利开展，进一步加大对林业资金的稽查力度，创新思路，建立和完善林业资金监督检查机制。

宁夏回族自治区2014年度林业资金稽查监管地方报告

宁夏生态林业基金管理站（以下简称基金站），主要负责宁夏重点生态林业工程资金的稽查工作。

一、稽查监管职责履行情况

（一）深入基层，开展调研工作

2014年1～2月，为加强对天然林资源保护工程和森林生态效益补偿基金的监管，基金站选取了原州区、盐池县、红寺堡区、罗山国家级自然保护区管理局4家具有代表性的单位，延伸至乡、镇、村、农户家庭、护林点进行走访调研，了解天然林资源保护工程和森林生态效益补偿工程实施以及管护经费投入后林区经济发展情况。通过听取汇报，查阅相关资料，在林间实地勘察，走访农户家庭，与护林员、林农座谈交流，基本掌握了各单位管护方式、管护制度、资金使用、管护效果等一手资料，对调研中发现的有益经验及时进行总结推广，对存在的问题属于工程实施单位能解决的要求立即整改，属于区级部门统筹解决的及时向厅党组汇报，协商相关部门解决。

（二）围绕中心工作，开展专项稽查

根据国家林业局基金总站《关于开展天然林资源保护工程二期和湿地保护工程资金稽查工作的通知》精神（林基稽〔2014〕12号），协调湿地保护管理中心安排专人负责自查工作，并向实施单位下发了《关于开展天然林资源保护工程二期和湿地保护工程资金自查工作的通知》（宁林基金发〔2014〕13号），在实施单位上报自查自纠情况的基础上，对部分单位资金进行抽查并对工程进行了全面总结。

（三）创新稽查模式，实行工程与资金同步稽查

资金稽查的目的是通过稽查全面促进工程管理和内部控制的加强。为此，基金站确定2014 – 2015年用2年时间对全区各市、县（区）重点林业工程资金使用情况进行全面检查。2014年6月14日至8月28日，完成了对12个市、县（区）工程实施单位的资金稽查，稽查内容包括：2013年度下达的天然林资源保护工程管护项目、森林生态效益补偿基金、中央财政森林抚育补贴项目、天然林资源保护工程公益林建设项目、中央财政造林补贴资金5个项目。

资金稽查采用工程管理人员和资金稽查人员联合、现有稽查人员和聘任稽查人员联合及内业检查和外业抽查结合展开，稽查主要内容有：①工程资金上年结转，以及本年到位、支出、结余情况和工程任务的落实、完成情况；②实施单位是否制定了工程实施方案或作业设计，是否按照下达的计划、实施方案或作业设计组织实施，是否按国家和自治区有关规定管理、使用工程资金；③会计核算是否符合国家有关规定，工程资金收支是否明晰，支出内容是否符合工程规定等问题；④工程完成情况，如是否按计划、实施方案确定的任务和时限完成工程建设内容等，有无完备的验收资料；⑤制度建设方面是否建立了符合本单位实际、完善可行的内部控制制度，执行情况怎样；⑥对2012年资金检查中发现的问题是否进行了改正。

稽查组坚持客观公正、实事求是、资金的安全性与效益性并重的工作原则，依据2013年下达的工程投资计划、批复，采取以内业和外业结合的稽查方式，查阅了被稽查单位管理制度、会计账簿、凭证、报表，以及工程批复、作业设计、实施方案、验收报告等工程档案资料，并延伸稽查了部分乡（镇）、村、林场、施工单位，询查了护林员。本次检查涉及管护、造林、抚育三类工程，工程总面积1416.84万亩，其中：2013年管护工程面积1365.91万亩（国有653.8万亩，集体712.11万亩），造林任务面积共计34.43万亩，中央财政抚育补贴试点面积16.5万亩。纳入本次检查的工程计划资金15754.39万元，实际到位15359.89万元，资金到位率97.5%；上年度结转资金4021.42万元，本年支付资金12209.47万元，结余资金7454.01万元。

（四）针对存在问题，加强管理培训

针对林业重点工程资金稽查及天然林资源保护工程实施情况复查中发现的工程管理薄弱、资金使用不规范等问题，为了进一步规范工程管理及资金管理，强化对天然林资源保护工程及森林生态效益补偿基金相关政策的熟练掌握和运用，管理站邀请林业、财政、档案部门专家对全区工程实施单位的210名相关人员开展了培训，内容包括：①天然林资源保护工程森林资源管护工作；②林业重点工程资金管理及常见问题；③天然林资源保护工程森林抚育作业设计编制；④天然林资源保护工程档案资料的收集与整理；⑤天然林资源保护工程公益林

建设作业设计编制；⑥政府采购有关法规及实例。

二、典型案例

（一）宁夏固原市原州区天然林资源保护工程稽查报告

1. 本项目稽查依据

《宁夏回族自治区天然林资源保护工程森林管护管理办法》、《天然林资源保护工程财政资金管理实施办法》、《事业单位会计制度》。

2. 资金使用情况

2013年，纳入天然林资源保护工程管护面积127.8万亩（其中：国有林42.6万亩，集体林85.2万亩）。管护补助资金计划下达764.85万元，实际到位764.85万元(其中：国有202.35万元，集体532.5万元，公共管护支出30万元)；本年支出962.05万元，林业局账面结余资金145.85万元。

3. 项目总体评价

本次稽查重点对以前年度稽查中发现问题的整改情况进行核实，对天然林资源保护工程管护责任落实情况进行核查。该局管护小班图、表、册齐全，对以往稽查中发现的会计核算不规范、工程管理中存在的部分问题进行了整改。林业局制定了《原州区天保工程森林资源管护办法》，森林管护人员工资发放实行公示制。

4. 资金管理存在的问题

①违反相关财务管理规定。原州区林业局及所属实施单位的天然林资源保护公益林建设资金在事业账簿统一核算，没有按照国家财政部《国有建设单位会计制度》单独建账，单独核算。②拨出天然林资源保护专项资金存在以拨代支问题。③擅自变更抚育作业地点，导致抚育实施地点与作业设计不符。④会计基础工作不规范，存在账目核算不明细，报账手续不完善问题。三营镇林业站专项资金只有总科目，没有按照规定核算到具体明细。

5. 建　议

①按照《自治区林业重点工程国债资金管理办法》、《天然林资源保护工程财政资金管理实施细则》的规定，严格管理资金。②制定和完善工程管理内控制度，在《政府采购法》和《政府采购非招标采购方式管理办法》的基础上，从工程采购方式、工程预决算方面完善制度、规范管理，建立健全内控制度，进一步完善相关的工程验收、附件等手续。③按照会计制度相关规定，规范会计科目设置，严格财务核算。④加大对管护基础设施的投入。

（二）罗山国家级自然保护区天然林资源保护工程核查情况

1. 天然林资源管护情况

罗山国家级自然保护区2013年天然林资源保护工程管护面积为23.6万亩，

全部为国有林，中央财政安排管护资金 112.1 万元。保护区共有 4 个管理站 19 个护林点，共签订管护合同 61 份，其中，38 人为雇佣周边村（镇）的林农，其余护林人员为单位在编正式职工。雇佣护林人员月收入为 1600 ~ 2800 元，每月发放一次。罗山国家级自然保护区管理局制定了《合同工使用管理办法》。抽查新庄集管理站的天然林资源保护管护面积为 3.7 万亩，全站有 7 个护林点，共有 21 名护林人员，其中，正式职工 11 人，合同制护林人员 10 人，签订管护合同 21 份，护林人员每月巡护 22 天，巡护记录内容详细。

2. 存在的问题

管护责任牌中没有列明是国家级公益林还是地方级公益林。

3. 建　议

①将天然林资源保护工程区管护人员与纳入森林生态效益补偿管护人员分别签订管护合同，完善合同中管护面积、四至界限、工资标准、管护责任等内容。②加强公益林落界基础工作，完善公益林图、表、册。

三、稽查监管成效

（1）提升了各级林业部门对工程资金管理的重视程度。近年来，随着资金稽查范围进一步扩大，稽查频次增加以及定期追踪整改问效常态化，各单位对工程提出的整改意见逐渐重视，对编制工程年度《实施方案》、《作业设计》、工程资金预算等工作更加规范细化，工程管理、资金开支进一步规范。

（2）强化了实施单位加强内控、完善管理的内动力。对稽查过程中反馈的管护体系不够健全、管护责任不够明确，护林员管理考核机制不完善等问题，受到被稽查单位的重视并逐步建立完善。

（3）正视存在问题，为规范工程管理提供决策依据。针对稽查中存在的问题，如实汇总上报厅党组并和相关项目管理部门进行信息共享，使稽查反馈问题成为领导决策和各部门进一步规范工程管理的依据。

四、主要做法和经验

（一）组建稽查队伍，培训提高素质

经宁夏林业厅批准在全区林业系统以个人自愿报名、单位审核推荐的方式，遴选了 18 名政治素质好、业务技能精、工作作风实的优秀稽查人才组建林业专项资金稽查专家组，专家组中高级职称人员占 70% 以上。2014 年，对专家组成员进行工程资金管理和会计核算培训 3 期。

（二）制定稽查计划，规范稽查程序

一是精心制定稽查计划。制定了《2014年林业重点工程资金稽查工作计划》，统一制定稽查范围、稽查内容、稽查标准，并对人员分工、资料收集、报告汇总做出明确安排。二是在稽查过程中采取查账、座谈、询问、实地查验、综合分析、跟踪调查等方法，力争做到查准、查实、查清。三是严把报告关，对形成的稽查报告做到问题清楚、数字确凿、定性准确、处理意见适当，方便被稽查单位采纳整改。将稽查流程分为准备、稽查、收集反馈、汇总上报四个阶段，每个阶段都制定了详细的工作程序和工作分工。

（三）严肃稽查纪律，严格约束行为

在资金稽查工作中高度重视稽查人员作风纪律建设，依据中央"八项规定"和审计人员"八不准"规定，结合工作实际，制定了《自治区生态林业基金站稽查纪律》"六不准"，即：①不准由被稽查单位安排住宿；②不准接受被稽查单位安排的就餐和宴请，因特殊情况确需在被稽查单位就餐的，费用自理，据实支付；③不准参加被稽查单位安排的旅游、娱乐等活动；④不准接受被稽查单位任何纪念品、礼品、礼金和各种有价证券；⑤不准向被稽查单位提出与稽查工作无关的要求；⑥不准在被稽查单位报销任何因公因私的费用。在进驻被稽查单位之前，将稽查纪律以传真形式通知，自觉接受被稽查单位的监督。

五、存在的主要问题

(1) 部分单位存在麻痹心理。有的市、县林业部门在资金管理上，满足于不违法违纪，有"大错不犯，小错不断"的倾向；有的单位转拨资金后对资金的运行监督不够到位，在如何提高管护资金的使用效率、提高林分质量等方面谋划不够。

(2) 个别单位内控制度建立和执行不够得力。有的单位没有制定工程内控制度，或者已制定的制度不够健全，可操作性不强，缺乏严格的内部制约机制和监督措施。部分市、县（区）没有制定县级天然林资源保护工程、森林生态效益补偿项目管理办法，没有护林员聘用、管理、考核制度，编制的《年度实施方案》和《作业设计》可操作性不强，项目实施没有依据，导致工程实施和《年度实施方案》、《作业设计》脱节。

新疆维吾尔自治区2014年度林业资金稽查监管地方报告

一、稽查监管机构基本情况

（一）机构的建立

1997年11月，经自治区机构改革领导小组办公室批准成立“新疆维吾尔自治区林业基金管理总站”（以下简称自治区基金总站），为副处级全额预算管理事业单位，编制7人，实有7人。2013年11月，经自治区编办批准同意“新疆维吾尔自治区林业基金管理总站”挂“新疆维吾尔自治区林业重点工程稽查办公室”牌子，实行一套机构，两块牌子，为依照公务员制度管理的正处级事业单位，编制不变。2014年3月，经自治区事业单位改革工作领导小组办公室批准，将自治区林业基金管理总站（自治区林业重点工程稽查办公室）与自治区林业厅对外经济技术合作项目办公室合并，组建“新疆维吾尔自治区林业重点工程稽查总站”（以下简称稽查总站），挂“新疆维吾尔自治区林业厅对外经济合作办公室”牌子，为正处级全额预算管理的公益一类事业单位，核定事业编制13名，领导职数4名。

（二）主要工作职责

1997年，自治区基金总站设立时，主要职责为做好预算外资金、林业贷款和财政贴息、林业周转金和自治区直属单位国有资产管理等工作。“十二五”开始，自治区基金总站工作任务主要是做好林业重点工程稽查和管理林业贷款及财政贴息资金，具体职责包括：研究拟定自治区林业重点工程资金稽查工作规章制度和工作计划，负责全区林业重点工程资金及有关专项资金的稽查工作；拟定厅直属单位内部审计稽查工作制度和规范，组织开展厅直属单位处级领导干部经济责任审计；配合财政部门研究林业贷款财政贴息政策和管理办法，负责全区林业贷款和财政贴息资金管理工作；参与自治区各项林业重点工程规划、重大项目前期审核和调研工作；指导地州级林业基金管理和林业资金稽查的业务工作。2014 年确定主要职责任务是：承担全区林业重点工程资金的管理工作；组织开展林业重点工程项目代行稽查工作；承担林业对外经济合作有关服务工作。

（三）稽查监管体系

由自治区稽查总站与各相关地州市林业主管部门、国有林管理局共同构成林业资金稽查监管体系。根据林业资金稽查工作需要，明确各地州市林业主管部门及所属县（市）级林业主管部门和国有林场、苗圃和保护区的计划财务部门是林业稽查工作机构，负责本地区本部门的林业资金稽查管理工作，并确认各级林业重点工程稽查工作联络员 180 名，建立了“自治区林业资金稽查人员档案库”，每年依据年度稽查工作计划从“自治区林业资金稽查人员档案库”中随机抽调稽查人员组成稽查工作组，完成具体稽查工作，实现了稽查和培训工作的有机结合。

（四）稽查对象

林业重点工程稽查对象主要是：使用中央和自治区财政林业项目资金的各级林业主管部门及项目实施单位，包括林业厅机关合署办公事业单位；天山东部国有林管理局、天山西部国有林管理局、阿尔泰山国有林管理局及所属 27 个分局和自然保护区；全疆 14 个地州市所属 102 个县（市）林业局（林场）和自然保护区。

二、稽查监管职责履行情况

（一）明确工作思路，指导年度稽查

2009 年以来，新疆林业稽查监管工作总体思路确定为：林业重点工程稽查工作要紧紧围绕自治区以防沙治沙为主的林业生态体系、以特色林果业为主的林业产业体系和内涵丰富的生态文化体系的建设大局，把稽查工作置于现代林业建设和生态文明建设的大局中来定位和把握；要进一步完善稽查机制和制度，建立健全稽查队伍，以行政稽查和社会审计为手段，加强林业重点资金稽查工作；要以确保林业资金安全有效运行为主题，以提高全行业工程资金管理水平为目标，按照“一查、二帮、三促进”的原则，不断把稽查工作向纵深推进，为林业建设又好又快发展保驾护航。

按照稽查工作总体思路，自治区基金总站于每年年初制定详细的年度林业重点工程稽查工作计划，提出年度工作目标，量化工作任务，并报林业厅分管领导批准后执行。

（二）制定稽查方案，落实具体工作

根据国家林业局当年林业重点资金稽查重点和新疆林业工作重点，自治区基金总站制定相对统一的年度林业资金稽查工作方案。工作方案要求林业资金稽查工作重点从过去偏重资金运行的安全性向确保安全与效益并重转变，重视与相关部门相互协作，加强对工程管理和资金使用中存在问题的原因分析，增强整改意见和完善管理建议的针对性和有效性，不断强化稽查规范管理的功能，积极提出调整完善政策的建议，充分发挥宏观决策与执行实践之间的桥梁纽带作用，进一步拓宽稽查工作领域。同时，明确年度稽查工作对象、范围和重点内容等，落实稽查工作的组织、方法和程序等，并对稽查报告撰写和整改工作提出了具体要求。

（三）完善稽查制度，规范工作行为

根据工作需要不断完善和健全各项管理制度，先后制定了《新疆维吾尔自治区林业资金稽查办法（暂行）》、《新疆维吾尔自治区林业资金稽查工作纪律》和《新疆维吾尔自治区林业资金稽查廉政纪律》等制度，规范了《林业资金稽查工作方案》、《林业资金稽查通知书》、《林业资金稽查工作底稿》和《林业资金稽查报告撰写规范》等文本格式，切实推进了林业资金稽查工作标准化管理进程。随着林业稽查工作领域的不断拓宽，自治区林业基金管理总站已经完成了《新疆维吾尔自治区林业厅直属单位处级领导干部任期经济责任审计管理办法》、《新疆维吾尔自治区林业稽查总站财务支出业务管理制度》、《新疆维吾尔自治区林业稽查总站财务工作人员岗位责任制度》等制度草案。

（四）落实稽查组织，突出工作重点

新疆林业资金稽查工作按照立足基层、服务基层、敢于担当、务求实绩的总体要求开展，采取“资金使用单位自查，地州级全面检查，自治区级重点稽查”的工作组织方式。近年来，自治区基金总站在各级林业主管部门自查的基础上分析林业资金管理中的难点，确定“十二五”期间林业资金稽查工作重点突出强农惠农资金、扶贫资金等民生领域投入资金的监督检查，主要包括森林生态效益补偿基金、天然林资源保护工程、森林抚育项目、林区棚户区改造项目、湿地和自然保护区及林果业发展项目等资金专项稽查，适时与相关业务部门联合开展重点火险区综合治理、自然保护区建设、湿地保护和恢复、有害生物防治和种苗建设等基本建设项目及农业综合开发建设项目专项稽查。

（五）积极开展稽查，全面完成任务

自治区基金总站每年在各级林业主管部门林业资金自查自纠工作基础上组织开展资金稽查工作，2014 年度共稽查 11 个地州的 30 个独立核算单位（含新疆林业科学院和林业设计院)，稽查资金总额 11.04 亿元，完成年度工作计划的 110%。其中：重点稽查资金总额 7.81 万元，完成年度工作计划的 130%；全疆森林生态效益补偿基金结余资金专项核查 3.23 亿元（核查对象共计 157 个）；自治区花卉管理中心领导干部离任审计 0.1 万元。同时，还通过人民银行信贷征信系统和各地州林业部门、财政部门认真核查了新疆 2011 – 2013 年度林业贴息贷款真实性，核查林业贷款资金 51.1 亿元，查出问题贷款共计 6.38 亿元，涉及问题贷款项目单位 16 个，收回问题财政贴息补贴资金 1861.09 万元。

（六）充实稽查队伍，加强业务培训

自治区林业基金管理总站积极与自治区审计厅协调，通过努力，林业重点工程稽查总站成为中国内部审计协会新疆分会正式成员，本站 4 名同志取得了中国内部审计协会颁发的内部审计人员岗位资格证书。作为新疆维吾尔自治区内部审计协会会员单位，2014 年自治区林业基金管理总站积极参与协会工作，组织本单位和基层林业部门稽查人员参加了 4 期内部审计协会业务培训班，参训人员共 43 名，并组织参加会计学会和新疆财政厅举办的财务人员培训班，不断提高了稽查人员整体素质和业务水平，促进行业内部稽查工作更好地开展。2014 年，自治区林业基金管理总站依据年度稽查工作计划从“自治区林业资金稽查人员档案库”中随机抽调稽查人员 51 人参与自治区林业资金稽查工作，即确保了林业资金稽查工作的顺利开展，又促进了基层稽查人员的学习、交流，提高了基层资金管理人员的工作水平和能力。

三、林业资金运行状况分析

（一）林业资金使用与管理现状

通过林业项目资金稽查，项目单位能够按照项目作业设计（或实施方案）的内容要求实施，项目资金使用管理水平逐年提高，会计基础工作逐步规范，内部控制制度不断完善。在项目资金使用上，项目单位能够按照林业资金管理办法建立专账，进行专项核算，未发现改变资金用途，截留、挪用项目资金的情况。

（二）存在的主要问题

1. 会计基础工作较薄弱

部分单位财务核算不够规范，存在原始票据、凭证基本要素不齐、审核签批程序不全、报账手续不完备、记账依据不足等情况。

2. 单位内控制度不够完善

财务审批程序不够规范，不能严格执行内控制度。部分内控制度陈旧，没

有根据单位具体情况进一步修改和完善，与现有经济发展不相适应。

3. 计划管理缺位，费用列支口径不一致

森林生态效益补偿基金管护费用计划不周，存在管护资金结余偏大或不足情况。且部分地州所属县（市）管护人员工资构成不统一，工资标准和工资额差异较大。

4. 部分县（市）财政代理记账各项资金收支结余不清

财政代理记账不按项目明细核算，无法及时掌握各专项资金收支和结余情况；地方林业部门与当地财政部门沟通不够，造成林业部门对项目资金的使用缺乏主动性，不能正确掌握资金量，导致有些工程项目不能及时实施，形成结余资金。

四、对策与建议

（1）建议国家林业局重视林业资金稽查机构建设，关心和支持省级机构改革，帮助各省（自治区、直辖市）解决机构改革中存在的问题，夯实各地林业资金稽查监督管理基础，确保稽查工作常年有人管、有人做。

（2）进一步加强国家级林业资金稽查规章制度建设。规章制度的建立不但可以提高稽查工作的质量，规范稽查工作程序，还可以提升林业资金稽查部门的影响力。

（3）加强林业资金稽查工作人员专业学习培训工作，举办一些稽查业务知识培训班，提高稽查人员自身素质和工作能力。

（4）建议适时召开林业资金稽查工作年会，明确一个时期的林业资金稽查工作目标、任务和重点，推广好的经验和做法，逐步使稽查工作更规范、管理更科学。

（5）建议国家林业局支持内部审计协会工作，组织参与国家层次的内部审计培训，了解国际国内内部审计工作发展，借助内部审计协会充实林业稽查资金工作内容。

内蒙古森林工业集团公司2014年度林业资金稽查监管地方报告

一、稽查监管职责履行情况

（一）制度建设

按照国家林业局党组关于“强化项目和资金稽查监管”的有关要求，结合内蒙古森林工业集团公司（以下简称内蒙古森工集团）林业资金稽查监管工作实际，2012年设立了资金稽查中心，并制定了《内蒙古森工集团公司（林管局）林业资金稽查办法》，对林业资金的安全有效运行以及提高资金使用成效等方面起到了重要的监管作用。2015年，将着手对《内蒙古森工集团公司（林管局）林业资金稽查办法》进行修订完善，进一步加强建章立制工作。

（二）重点稽查及专项检查（稽查、调研）

2014年，资金稽查中心对使用林业资金的部分所属单位2013年资金管理、使用、核算情况及离休、文革伤残、公伤等人员医疗费核销情况进行了稽查和调研工作。对稽查出的问题进行了分类整理，提出了整改建议并督促整改落实。现将典型案例汇报如下。

典型案例一：内蒙古森林工业集团公司所属企事业单位近60户，各单位情况千差万别，享受公费医疗的离休、公伤和文革伤残人员较多，且享受公费医疗人员情况比较复杂，所属单位虽然依据国家有关规定核销医疗费，但是各单位对国家政策制度的理解掌握程度不同，也因所属单位受各种不同因素的影响，导致公费医疗核销标准、核销项目及对医疗费票据的审核程序、力度等不尽相同。为了堵塞管理漏洞，加强公费医疗的规范管理，2014年有针对性地对所属单位开展了公费医疗资金稽查工作，通过稽查发现了如下问题：转异地治疗审批程序不规范，部分单位存在核销未经审批的私自转院患者及陪护人员费用现象；各单位对住院患者及陪护人员伙食补助标准不一致；入账核销票据审核不严格，个别单位核销非定点医院票据及在住院期间未经医院批准私自外购药品票据；对于转院、入院、出院等与治疗相关的资料、手续等审核不严、不细；对异地发生的大额治疗费缺乏监督检查。

目前已将上述问题进行了分类整理，为研究制定统一的医疗费核销办法提供了较为全面的参考资料，同时督促所属单位对违规核销的医疗费用进行了整改。

典型案例二：部分单位创收项目发生的支出均与正常的经费资金支出合并在一起核算，对创收收入未进行单独核算，无法查实其创收项目所发生的支出，创收项目的支出与经费资金支出相互挤占、窜用，创收项目超支或结余很难确认。对此提出整改意见，要求各单位对创收项目必须按照创收项目分别核算其收支，不得与经费资金支出合并在一起核算，方便考核创收项目的收入、支出和结余情况。

典型案例三：通过本次稽查工作，发现部分单位每年都有大型维修改造及设备购置等指定用途的专项资金拨款，在实际核算中将此项资金与正常的经费资金合并在一起核算，导致此项资金与经费资金互相挤占、窜用，难以考核此项资金的管理和使用情况，难以确认各项资金超支或结余。

针对上述问题，提出了整改建议：除人员费用、水、电、取暖、燃油、设备维修、办公费等正常的经费资金以外具有指定用途的资金均应作为专项资金，在“拨入专款”和“专款支出”中核算，与正常的经费区别核算，专款专用。此举既有利于经费资金的收支管理，又便于对具有指定用途的专项资金使用情况进行监督检查。

（三）培训与宣教

2014 年，内蒙古森林工业集团公司在职的 2 名稽查人员参加了内蒙古自治区国有资产监督管理委员会（简称国资委）主办的“内蒙古国资委出资监管企业第二期内部审计业务培训班”，脱产学习 7 天。通过学习和借鉴内部审计业务，使稽查人员丰富和完善了稽查工作手段，创新了稽查工作理念，拓展了稽查工作空间，提高了稽查工作技能。

（四）协助稽查（检查）

协助完成了国家林业局对内蒙古森林工业集团公司天然林资源保护工程资金拨付及使用情况检查工作。

协助完成了内蒙古森林工业集团公司科技项目经费管理调研工作和科研项目检查验收工作。

（五）信息化建设

内蒙古森林工业集团公司设立资金稽查中心较晚，稽查工作正处在起步阶段，林业资金稽查信息数据正在搜集、统计和整理过程中。2015 年，内蒙古森林工业集团公司将进一步加强信息化建设，积极参与国家林业局门户网站“林业基金”栏目的信息报送工作。

（六）稽查监管成效

近年来，国家逐年加大对林业建设的资金投入，为了有效地管好用好国家投入的资金，提高林业建设资金成效，内蒙古森林工业集团公司积极发挥资金稽查的监管作用。通过开展稽查工作，规范了林业资金的管理、使用及核算；提高了所属单位财务人员的业务技能，严肃了财经纪律；促进了林区对林业资金使用和管理的高度重视，提高了法纪意识；避免了林业资金管理和使用过程中擅自截留、挤占、挪用、贪污等严重违法违规现象的发生；保障了林业建设资金的安全有效运行和林业重点工程项目的顺利实施，对建设生态文明、改善民生等富民兴林事业起到了积极的推动作用。

二、林业资金运行状况分析

（一）林业资金使用与管理现状

近年来，国家对林业项目资金投入逐年增加。2014 年，内蒙古森林工业集团公司共收到国家、自治区财政资金 359690 万元，已按规定下拨各实施单位。其中：天然林资源保护工程财政专项资金 210563 万元（森林管护费 72487 万元、养老统筹补助 44165 万元、“四险”补助资金 22083 万元、森林抚育补贴 62628 万元、补植补造 9200 万元）；基本建设财政资金 58607 万元；剥离办社会补助资金 54052 万元；燃油补贴资金 22715 万元；其他财政资金 13753 万元。

为推动林区森林资源持续增长、生态产品生产能力持续增强，内蒙古森林工业集团对林业建设资金的管理和使用提出了更新更高的要求，加强了对林业重点工程项目的监督检查，努力促进林业资金使用和管理更加规范、合法、合规。国家投入的各项林业建设资金全部按照相关规定拨付到项目实施单位，保障了林业资金及时、有效、规范的运行，取得了良好的成效。

（二）存在的主要问题及原因分析

（1）内蒙古森林工业集团公司所属企事业单位近60户，国家每年投入林业建设资金30多亿元。目前，资金稽查中心人员只有2名，任务十分繁重，稽查人员严重不足，工作未能全面展开。因此，只对部分所属单位开展了资金稽查和调研工作。

为加强稽查力度，保障林业资金安全有效运行，今后将努力学习业务理论，提高稽查工作技能，同时积极向领导请示，增加稽查人员，更好地完成稽查工作，也希望上级给予更多的支持和帮助。

（2）由于部分林业建设项目对季节性要求比较强，林业补助资金到位不及时，企业无力垫付大量资金，影响了部分项目（如森林抚育、森林管护、补植补造等）的正常实施和实施进度。

三、主要做法和经验

林业资金的安全有效运行是当前林业资金稽查工作的重中之重，是林业事业发展顺利实施的根本保障。内蒙古森林工业集团公司本着“一查、二帮、三促进”的工作原则，认真贯彻落实党中央、国务院关于推进国有林区改革的决策部署，坚持生态为本、保护优先，围绕发挥生态功能、维护生态安全的战略定位，对资金稽查工作进行了全面的安排和部署。

一是组织所属单位分管财务的领导和财务人员学习党中央、国务院对林区改革的决策部署及林业资金使用和管理方面的政策、制度和办法。二是加强林业财务人员政治思想教育和业务技能培训，不断提高财务人员的业务素质和分析问题、解决问题的能力；增强对本单位、本部门的财务管理意识，使财务人员在及时了解工程建设的政策、规定和相关制度办法的同时，充分发挥财务部门在资金使用中的管理作用；总结林业重点工程中出现的新情况、新问题，并针对存在问题提出管理的措施和办法，提高资金使用效益；为单位领导当好参谋，避免由于会计信息失真出现违纪违规行为或造成资金损失浪费现象。三是加强会计核算工作，对各项林业资金进行专项管理、专款专用、专账核算，堵塞专项资金管理漏洞。四是把林业资金监管工作渗透到项目建设的全过程，建立资金使用违规违纪问题的责任追究制度，对违规的项目实施单位给予责令限期整改、停止项目审批、停拨年度资金、暂停项目建设等处理。

四、对策与建议

党中央、国务院高度重视林业建设，对林业生态环境建设和林业专项资金的投入大幅度增加，改善了生态资源环境，促进了经济社会和自然生态环境全面协调可持续发展。但通过开展对林业专项资金管理和使用情况的稽查工作，发现在资金管理和使用方面还存在一些不容忽视的问题，应采取措施认真落实整改。为此提出如下对策和建议。

(1) 适时集中开展林业资金管理和使用的相关政策、制度、办法等相关法规的学习培训工作，提高会计人员业务素质，增强执业能力，增强法律法规意识，认真落实林业资金管理办法和规定。

(2) 加强内控制度建设，规范会计行为。促进财务部门资金管理规范有序，增强财务人员严格按照会计制度、资金管理办法和规定履行职责，严格执行专项资金“专账”管理制度，保证专项资金专款专用。

(3) 加强稽查监管力度，促进林业专项资金规范管理。及早发现资金在管理使用过程中存在的问题，及时予以纠正和整改，维护资金安全，充分发挥林业专项资金建设效益的最大化。

(4) 建议基金总站适时举办各国有林区林业资金稽查业务学习、培训及研讨班，并利用网络资源创建林业资金稽查工作学习交流平台，促进稽查人员横向交流、取长补短，提高综合能力。

黑龙江省森林工业总局2014年度林业资金稽查监管地方报告

2014年是黑龙江省天然林资源保护工程二期实施的第四年、龙江国有重点林区保障房建设的第五年，为做好重点工程资金稽查监管，黑龙江省森林工业总局（以下简称森工总局）对于林业重点工程资金监管做到五个“到位”：即组织到位、领导到位、责任到位、措施到位、稽查监管到位，保证了天然林资源保护工程二期和林业保障性住房建设的顺利实施。

一、稽查监管机构基本情况

森工总局的林业资金稽查监管机构是2001年由省编委批准成立的省森工总局林业基金管理站（以下简称基金站）负责，编制7人，正处级单位，与总局财务处合署办公。其职责是：负责林业基金财务管理 、林业贷款中央财政贴息管理、重点工程财政资金稽查及管理、财政审计纪检资金检查配合工作；森工系统企业不良资产及资产管理公司协调管理工作；天然林资源保护工程省、国家级复查与财务检查工作等。专职工作人员2人。林业重点工程资金稽查工作的开展由基金站（稽查办、财务处）牵头，由基金站（财务处）组织4个林管局财务处和部分林业局业务骨干开展工作。稽查对象为全省森林工业国有林区下辖的伊春、牡丹江、松花江、合江4个林管局、40个林业局、625个林场（所）、17个林产工业企业、4个林机修造企业以及公检法司、科研院所、文教卫生、森林调查、建筑施工、商粮服务等处（县）级以上有林业重点工程资金的企事业单位140个。

二、稽查监管职责履行情况

森工总局根据2014年初林业财政资金稽查工作的总体安排，组织由总局、林管局及部分林业局财务、审计、森林资源管理、营林、社保局、劳资和天保办等局处专业人员40余人，经过培训，组成3个稽查审计小组，实行人员和地域交叉稽查检查。1～3月历时2个多月，对23个林业局2013年度财务收支情况和天然林资源保护工程二期资金管理使用情况进行了专项稽查检查。随着中央“八项规定”颁布，于11月历时20多天，对企事业单位预算执行、“三公”经费、“小金库”、“账外账”及违规发放奖金、津贴等展开了专项稽查。对发现的问题及时整改、纠正，举一反三指导其他单位按照要求同步完善，并会同省财政厅共商修订完善财务管理制度办法，为确保天然林资源保护工程二期、棚户区改造工程和森林工业经济转型的顺利开展做出了一定的贡献。

从专项稽查检查的情况看，林业重点工程资金管理与会计核算水平较前期有明显提高，主要得益于：一是领导重视，部门配合。各林业局主要领导重视天然林资源保护工程二期的实施，关心、关注天然林资源保护工程二期等林业重点工程资金管理和使用，形成了各部门相互配合、共同管好用好林业重点资金的工作格局。二是制度日渐健全，业务核算趋于规范。各林业局大多能够按照国家和省相关规定要求，结合自身实际制定切实可行的制度和管理办法，规范财务管理与会计核算，完整保管会计档案资料。三是充实人员，提高效率。各单位财务部门大多增加了专人负责，强化明确了责任。四是阳光服务，加强监管。大部分林业局实行定期会计报账制、公开公示制度，加强日常检查和监督。同时，各林业局充分利用广播、有线电视和网站等各种形式广泛宣传天然林资源保护工程二期的相关林业财政政策。

但在检查中发现一些林业局出现思想上松懈、工作上松劲的苗头，个别单位也存在着一些问题。主要是：①挤占和扩大开支范围，体现在天然林资源保护工程二期非公益性岗位人员费用支出挤占公益性经费支出。②尚有不合规票据及核算手续不健全现象，如有的林业局支付取暖费无完税凭证（收据）；有的林业局在森林抚育经费中列支道路维修费，却无林业局级验收手续；个别林业局学校列支基建支出，无预（决）算、竣工验收报告等相关原始资料。

为认真贯彻落实天然林资源保护工程二期的各项惠林政策，确保森林工业林区国家重点生态工程的实施，总局财务部门会商审计、资源、营林等部门后，对进一步加强规范林业重点工程资金管理核算工作提出要求。

一是进一步提高思想认识，对检查出的问题要认真整改到位。各林业局要把做好林业重点工程资金管理和使用工作作为当前的一项重要措施来抓，进一步增强责任感和自觉性。各单位要认真对照检查中存在的问题，逐条逐项督促整改到位，并将整改报告以正式文件上报总局和所在林管局。下步由总局、林管局组织抽查。

二是进一步明确工作职责，提高管理水平和服务效率。进一步明确工作职责，包括部门与部门、财务部门内部，进一步加强分工协作，建立分工明确、责任明晰、相互配合的工作体系。

三是进一步明确规范天然林资源保护工程二期森林管护事业费、教育经费、医疗卫生经费、社会公益事业经费、中幼龄林森林抚育费、天然林资源保护二期补植补造资金和天然林资源保护工程二期政府经费等的财务管理与会计核算工作。

四是与专业部门协调，进一步开展专项业务培训工作，提高各单位管理人员政策业务水平，从而提高工程实施效率，实现工程目标。

三、主要做法和经验

（一）领导重视，科学谋划，加强组织领导

黑龙江省森工总局领导十分重视林业重点工程稽查工作，在每年工作会议及各种综合会议上，不断强调加强重点工程稽查与资金管理这项工作的重要意义，不仅为稽查工作创造方便条件，还注重系统内稽查队伍的建设，在组织架构上确保稽查队伍的稳定性。总局要求 4 个林管局财务处配备副处长与主管科长各 1 人，负责资金稽查工作；总局财务处领导在人员紧张的情况下，安排 2 名专职同志负责稽查及资金监管工作并注重解决稽查监管工作中存在的问题，为林业重点工程资金管理工作顺利开展创造了有利条件；各林管局领导不断提升对稽查工作的重视，积极主动安排稽查工作，锻炼稽查人员，提高稽查水平，阶梯式发展稽查人员人才链，做到工作在开展、人员有接续。推行林业局“一把手”负总责，实行“一把手”全面抓，主管领导重点抓，财务部门具体抓，形成一级抓一级，一层抓一层的互动网络。

根据本林区特点，森工总局科学谋划，制定了稽查规划及年度稽查工作方案，即利用每年上半年时间，完成当年省级重点稽查工作。每年省级重点工程稽查面为 30%，用 3 年时间，全面完成天然林资源保护实施单位、棚户区改造实施单位及森工企业收支的稽查工作任务，做到统一安排、同步工作。黑龙江森林工业林区各实施单位点多、面广、线长。为此，总局稽查办做到：统一下达年度稽查计划，部署实施单位（在上年度决算结束后）开展自检自查工作，自查面为 100%；然后由林管局组织进行复查，复查面为 50%；并通知被稽查单

位做好迎接年度省级重点稽查的准备工作。总局稽查办抽调各管理局财务处主管处长及部分林业局业务骨干组成稽查组，统一提出业务要求并进行培训指导。结合国家有关财经制度法规、办法等政策文件，统一思想，明确任务，增强自身政策业务水平，为稽查做好前期准备。

（二）精心组织，明确程序，开展稽查工作

为进一步提高稽查工作成效，总局稽查办精心组织，规范程序，遴选稽查骨干，确保稽查成果。每年重点稽查的时限为上两个年度。具体工作程序为：首先，听取被稽查单位领导和相关部门工程实施情况及自查、复查和整改情况汇报。其次，认真查阅被稽查单位财务、资金、工程管理方面的制度，核对上级下达、本级转发的有关文件，查阅时限内审计、财政、主管部门（财务与天然林资源保护）各种检查发现的问题及整改情况。第三，到基层实施单位财务及相关部门查阅原始凭证、账簿、报表及合同、协议、档案等基础材料。第四，抽查 2 个林场、基层单位进行账账（备查账）、账物核对；找项目负责人、财务报账员和一线职工谈话，核实了解有关情况。第五，返回实施单位，重新核对、整理、汇总稽查纪实材料，经单位财务主管人员、经办人员签字确认后，形成该单位的稽查工作底稿，撰写稽查报告。第六，召开座谈会，交换发现的问题，提出整改建议，要求限期整改。之后，稽查办认真做好稽查纪实与原始取证材料整理、装订和分类归档工作。稽查人员在稽查过程中始终坚持依规行政，实事求是，客观公正，廉洁自律。

（三）跟踪稽查，督促整改，确保稽查成果

针对群众反映信访问题重点核实。近 5 年来，经上级领导及信访部门批转，将所属部分林区部分群众反映个别企业领导有挪用、窜用天然林资源保护、棚户区改造等林业财政资金情况的信件移交到森工总局林业资金稽查办。领导责成总局稽查办牵头，会同纪检、组织、天保办、营林局、资源局等部门的同志，深入事发地区，对反映的专项资金使用情况进行了重点稽查、核实，查清了所反映的有关问题，对企业负责人有了明确的结论，维护了天然林资源保护等财政资金使用和管理的严肃性。

凡在稽查工作中发现制度、办法不完善、不严密、不健全之处，总局稽查办都与财政部门立即协商，在以文件形式下发《发现问题和整改意见》中统一要求、规范。实施单位不得变通，更不能越轨。进一步健全责任制，明确各实施单位的一把手作为林业重点工程建设的第一责任人，各相关部门也要各司其职、各尽其责。对在资金使用管理中发现重大问题的，要严肃追究有关人员的

责任。为巩固稽查工作成果，保障重点工程资金安全，总局稽查办加大力度督查被稽查单位的整改工作。在规定时间内，被查单位按要求完成整改，以正式文件上报管理局，附整改后记账凭证的复印件；管理局审查认可同意后汇总，以文件形式上报森工总局审查、留存备案，并在下年稽查时进行抽查。通过这些步骤，使被查单位责任人能够切实认真履行其职责，保证稽查工作达到应有的效果。

组织开展天然林资源保护工程二期专项财务稽查工作。近年来，总局稽查办每年都组织林管局、林业局财务骨干开展省级天然林资源保护工程二期重点稽查工作。对全部 40 个林业局天然林资源保护工程二期财务管理及资金使用情况进行业务考评。通过省级专项稽查，既了解到全部重点工程实施单位财务管理核算的实际情况，同时又针对各企业存在的不同问题予以分类指导。经过业务交流，稽查人员、单位财务负责人、财务人员对天然林资源保护工程的政策理解进一步加深，促进了及时整改，从而进一步提升了资金管理水平。

（四）积极配合，协调服务，助推稽查工作

2014 年来，总局稽查办积极配合国家林业局和省审计厅等部门对林业重点工程资金进行稽查、财务检查和专项审计。近 5 年来，总局稽查办先后配合国家林业局稽查办（天然林资源保护、湿地检查稽查）、天保办（国家核查）、造林司（森林抚育验收）、资源司（森林可持续经营试点）、财政部驻黑龙江专员办、审计署驻哈尔滨特派员办事处（以下简称驻哈办）、省审计厅等单位对天然林资源保护工程资金使用和管理进行了专项稽查、国家核查、财政检查和审计工作。其中：2013 年 12 月至 2014 年 4 月，审计署驻哈办按照国家统一部署［全国 9 省（自治区）］对森工系统部分单位开展林业财政专项资金审计，包括林业燃油补贴、中央财政贷款贴息等。由于总局稽查办的积极配合，协调服务，为国家和省有关部门做好林业重点工程资金稽查工作提供了有力保障。

每一轮稽查工作结束后，工作组同志都集中统一讨论研究，定性问题，形成专项稽查工作报告，将稽查内容、发现的问题、整改建议、稽查结论及下步对全行业的工作要求等，在商同级财政部门后以正式文件下发全系统。要求被稽查单位，针对存在问题的性质、特点，认真整改并研究防止和杜绝违纪问题发生的措施和办法，对不认真整改或屡查屡犯的将从严处理。同时，要求未被稽查单位也要针对其他单位存在的问题，举一反三、细致研究，为搞好各单位的查改工作打下了坚实的基础。

（五）尽职尽责，发挥作用，完善各项制度

在近5年的工作中，稽查人员一直思考：作为林业部门的资金稽查办，森工总局稽查办的工作与发改委、财政部门（含驻各地专员办）、审计部门（署、特派办、审计厅）的稽查、检查、审计究竟有何不同？森工总局稽查办不是派生的一个重复机构，而是一个熟悉林业，了解林业生产经营全过程且又熟悉国家财经政策法规的内部监督检查机构。为此，稽查人员不仅要履行行业监督检查的职责，而且还有责任把熟悉的林业部门存在的、制度办法不完善的内容进一步规范，完善现行的制度办法。近5年来，随着国家对黑龙江森林工业国有林区扶持支持的力度不断加大，面对天然林资源保护工程二期实施、国有林区棚户区改造工程的进一步推进及新的专项资金渠道增加的新情况，总局稽查办一方面，立足实际，深入稽查调研，并配合财政部门颁布出台了一系列加强和完善重点工程资金管理核算的制度办法，如《黑龙江省森工林区森林抚育补助费管理办法》、《天然林资源保护工程二期森林抚育补助费会计核算办法》和《关于进一步加强森林抚育补贴资金管理核算的通知》等文件，使制度建设不断加强完善。另一方面，总局稽查办把5年来通过重点工程资金稽查工作发现的、需要制度办法进一步明确规范的内容整理汇总，统一向省级财政部门沟通反映，把实施单位的具体情况直接汇报到政策制定部门，从而得到了高度重视，并因此受邀参加了财政部召开的财务管理办法修订会议。

四、对策与建议

希望国家林业局继续开展对行业稽查监管人员的业务培训，提高省级重点工程资金稽查监管人员的视野和综合素质。同时，有机会带领森工总局稽查人员多到兄弟省（自治区、直辖市）学习提高。下步，总局稽查办将认真学习领会国家林业局的各项工作要求，积极探索，不断创新，适应新常态，努力将黑龙江省的林业重点工程资金稽查工作提高到一个新的水平。

大兴安岭林业集团公司2014年度林业资金稽查监管地方报告

根据《国家林业局办公室关于开展2014年天然林资源保护工程二期实施情况综合核查通知》（办天字〔2014〕50号）和《国家林业局基金管理总站关于开展天然林资源保护二期和湿地保护工程稽查通知》（林稽字〔2014〕12号）文件精神，配合审计署对国家林业局2013年度预算执行、其他财政收支情况和决算以及参与分配中央财政专项转移支付资金情况进行审计的延伸审计，对大兴安岭林业集团公司所属使用天然林资源保护工程资金的企事业单位进行检查。

一、稽查监管职责履行情况

（一）重点稽查检查情况

2014年，重点在以下几个方面进行了检查：一是管理制度建立情况；二是各项补贴资金是否及时足额拨付到位；三是是否存在多头申报、虚报冒领、套取资金的问题；四是是否存在截留、挤占、挪用资金的问题；五是是否存在滞留财政资金的问题；六是财政预算资金相关账户设置和资金转移划转是否存在问题；七是是否存在账外资金、资产等问题；八是是否有其他违反制度规定问题；九是对所有企事业单位进行“小金库”清理。

（二）检查资金情况

2014年，共检查完成资金237470万元。其中：检查完成的天然林资源保护资金144400万元，包括政府经费13089万元，公检法经费4188万元，教育经费19276万元，卫生经费4345万元，管护事业费58566万元，天然林资源保护公益事业费8828万元，森林抚育36108万元；政企合一补助工资17996万元；财政专项资金30704万元，包括义务教育经费22853万元，公检法补助资金7851万元；建设资金44370万元。

（三）完成工作情况

协助国家林业局完成对四川省、辽宁省、黑龙江森工集团、吉林省 2011－2013 年天然林资源保护资金、湿地资金的管理制度建立情况，各项补贴资金是否及时足额拨付到位情况，是否存在多头申报、虚报冒领、套取资金的情况，是否存在截留、挤占、挪用资金的情况，是否存在滞留财政资金的情况，财政预算资金相关账户设置和资金转移划转是否存在问题，是否有其他违反制度规定问题进行了审计稽查。

协同大兴安岭林业集团公司天然林资源保护办，对全集团公司 10 个林业局天然林资源保护资金使用单位的管理制度建立情况，各项补贴资金是否及时足额拨付到位情况，是否存在多头申报、虚报冒领、套取资金的情况，是否存在截留、挤占、挪用资金的情况，是否存在滞留财政资金的情况，财政预算资金相关账户设置和资金转移划转是否存在问题，是否有其他违反制度规定问题进行了检查。

按照林业集团公司的统一部署，财务部、审计部抽调业务人员组成 2 个工作组，对林业集团公司所属企业、事业单位的私人会所票据报销和“小金库”专项清理工作进行了复核检查。工作组在被检查单位承诺的基础上，实施了突击检查和重点抽查、实地盘存、分析复核等必要的检查方法，共复核验收了 51 个单位，包括 10 个林业局、8 个驻林业局的资源监督办、8 个直属企业（含北山宾馆、漠河国际会议中心）、5 个自然保护区、20 个机关事业单位。

按照《大兴安岭地区清理检查“小金库”专项工作实施方案》的要求，复核检查组在认真听取被检单位自查的工作汇报后，要求并完成了被检单位党政负责人、纪检负责人和财务负责人《关于“小金库”清理检查工作的承诺》的签订。

根据检查情况，对今后根治私设“小金库”工作提出三点建议：一是加大财务人员的培训。根据不同财务岗位，结合实际，有针对性地进行培训，进而取得实实在在的培训效果。二是把清理检查“小金库”专项工作作为日常工作常抓不懈。三是建议由纪检、监察等有检查资格的部门和人员，采取非常规手段查处一批屡教不改的单位和人员，达到震慑警示的效果。

二、2015 年工作计划

为落实全国林业厅局长会议部署和全国林业计划财务工作会议要求，进一步落实全国林业基金管理暨审计稽查工作会议精神，加强对天然林资源保护资金、各项国投建设资金和财政专项资金的使用和监督，提高专项资金的使用效果，确保资金的安全运行，由财务部督查科在不影响 2015 年春季防火的情况下，组成检查组对各个天然林资源保护资金使用单位财务收支情况的真实性、合法性进行检查监督。重点查处挤占、挪用、滞留天然林资源保护资金的行为，严肃查处套取、骗取、私分国家资金的行为以及使用天然林资源保护资金设立“小金库”的行为。

POSTSCRIPT 后记

《林业资金稽查监管年度报告（2014）》是对林业资金稽查监管机构工作成果的回顾与林业资金运行状况的分析，以期为上级领导和林业资金管理部门提供决策参考，为同行提供业务指导。

本报告在编写过程中，得到了各级领导和省级林业主管部门的大力支持，在此表示感谢。由于时间仓促，加之编者水平有限，难免有不足之处，敬请批评指正。同时，我们希望广大读者关心林业资金稽查监管工作并提宝贵意见。我们的联系方式如下。

地址：北京市东城区和平里东街18号

国家林业局林业基金管理总站

电话：010-84238845

编写组

2015年4月